LIEBESNESTER UND PARADIESBÄUME

JONAS GOEBEL

LIEBESNESTER UND PARADIESBÄUME

EIN KLEINES STÜCK VOM HIMMEL AUF ERDEN

Bibliografische Information der Deutschen Nationalbibliothek:
Die Deutsche Nationalbibliothek verzeichnet diese Publikation in der Deutschen Nationalbibliografie; detaillierte bibliografische Daten sind im Internet über http://dnb.dnb.de abrufbar.

Bibelverse sind, wenn nicht anders angegeben, folgender Ausgabe entnommen:
BasisBibel. Das Neue Testament.
© 2010 Deutsche Bibelgesellschaft, Stuttgart

Meinungen und Diskussionen sind erwünscht auf:
facebook.com/liebesnester
Bei Fragen oder Anmerkungen:
schreibjonas@gmail.com

© 2014 Jonas Goebel
Alle Rechte vorbehalten

Umschlaggestaltung: Maike Kahle
Mitarbeit: Simon Weinreich, Jörg Wischnauski, Dorothea Kröhnert

Herstellung und Verlag: BoD – Books on Demand, Norderstedt
ISBN: 978-3-7357-5794-4

INHALT

PROLOG 7
DER SYSTEMFEHLER 13
EIN NEUES GEBOT 19
DAS GRUNDPRINZIP 25
EIN MENSCH.. 35
DIE FRUCHT 41
DIE GROSSE GESCHICHTE 47
WDLROF 51
KEINE RETTUNG 57
PARADIESBÄUME 73
LIEBESNESTER.. 83
THEOLOGISCHE LEERE 95
EPILOG.. 105
ANHANG 111
   DIE BIBEL ALS GRUNDLAGE..................................... 111
   DAS ALTE TESTAMENT... 117
   DIE URSPRACHEN 119
   BIBELSTELLEN-REGISTER 121

PROLOG

Es ist ein kühler, ungemütlicher Morgen in Berlin. Leichter Nieselregen fällt aus dem trostlos grauen Himmel auf die mindestens genauso trostlos grauen Gehwegplatten. Kurz nach 8 Uhr. Wäre ich Kaffeetrinker würde ich jetzt sagen, dass ich dringend einen Kaffee benötige. Aber damit mir Kaffee schmeckt, muss derart viel Milch dazu – da kann ich die Milch auch einfach so trinken.

Es sind nur wenige hundert Meter von meiner Wohnung zur Universität und ich genieße die Minuten an der frischen Luft auf dem Weg zu meinem ersten Seminar. Das Wasser, die noch leeren Touristenboote auf der Spree, die Trauerweide an der betonierten Flaniermeile, erste ortsunkundige Frühaufsteher, die einen Stadtplan entfalten, eine laut ruckelnde, quietschende Straßenbahn, die sich nur mühsam um die Kurve windet.

Und dann ist sie da, die theologische Fakultät der Humboldt Universität in Berlin. Haben Sie das Gebäude der theologischen Fakultät schon einmal gesehen? Ein Palast ist das, das sage ich Ihnen! Und was für eine Lage! Direkt an der Spree gelegen. Gegenüber die Museumsinsel und der Berliner

Dom. Große, wirklich große Fenster, hohe Decken, eine nagelneue Bibliothek – hier Theologie studieren, da fühlt man sich schon fast geehrt. Kein Vergleich mit der Bruchbude in Hamburg und den beengten Verhältnissen in Greifswald.

Berlin ist die dritte und wohl letzte Station in meinem Studium der evangelischen Theologie. Würden wir uns auf einer Feier treffen und die üblichen Floskeln austauschen, dann würden Sie mich jetzt vielleicht fragen, wieso ich denn gerade Theologie studieren würde. Meine Antwort wäre, dass ich das einerseits aus Überzeugung tue, also auch *wirklich* an diesen ganzen Bibel-, Gott-, Jesus-Kram glaube und dass ich andererseits später *wirklich* gerne Pastor in der evangelischen Landeskirche werden möchte. Wahrscheinlich würden Sie dann „Aha" oder „Interessant" sagen und denken, dass das immerhin besser sei als einen Bachelor in „Irgendwas mit Medien" zu machen.

Die S-Bahn dröhnt und rattert, ein ICE schleicht Richtung Hauptbahnhof. Der Wind lässt ein paar alte Zeitungen über die kaltgrüne Wiese flattern. Die üblichen Obdachlosen schlafen noch bei der Brückenunterführung. Etwas weiter werden die ersten Mülleimer schon auf Pfandflaschen kontrolliert. Immerhin fahren die Segways (das sind diese elektronischen „Ich-lehne-mich-nach-vorne-oder-hinten" Fortbewegungsmittel, die gerne für überteuerte Stadtführungen genutzt werden) noch nicht um diese Uhrzeit.

Vielleicht fragen Sie mich, wie es ist, Theologie zu studieren und ich würde antworten, dass ich *wirklich* gerne Theologie studiere und das Studium nur empfehlen kann. (Fragen Sie mich nicht wieso, aber ich habe fast immer bei Gesprächen über meinen Glauben, mein Studium und meinen Berufswunsch das Gefühl betonen zu müssen, dass ich das *wirklich* alles glaube, gerne tue, werden möchte). Wahrscheinlich würden Sie mich aber zunächst fragen, wie man denn auf die Idee käme, Theologie zu studieren? „Tja", würde ich Ihnen sagen und dann versuchen zu erklären, dass ich mich in meiner Heimatgemeinde sehr wohlgefühlt habe, die eine sehr gute Jugendarbeit gemacht haben, ich dort viele gute Freunde finden konnte und schließlich eins zum anderen kam. Und ja, ich *glaube*. So komisch das für Sie klingen mag. Ich glaube aus rein rationalen Gründen (also weil mir der christliche Glaube einleuchtet und sinnvoll erscheint) *und* weil ich Dinge mit Gott erlebe, die ich nicht leugnen kann und die mir eigentlich nichts anderes übrig lassen, als an ihn zu glauben. Oder mich freiwillig einweisen zu lassen. Ach ja: Erwähnte ich, dass ich auch *wirklich* gerne Pastor werden möchte?

Spätestens jetzt hätten Sie wahrscheinlich das Gefühl, sich ein neues Bier holen oder plötzlich dringend die nächstgelegenen Örtlichkeiten aufsuchen zu müssen. Aber verlassen wir die Feier und kommen wir auf den Punkt.

Ich habe nichts gegen die Kirche. Ich habe nichts gegen das Theologiestudium und nichts gegen das Christentum. Ich bin jeweils ein Teil davon.

Wobei ich genauer sein muss: Ich habe *an sich* nichts gegen die Kirche, das Theologiestudium und das Christentum.

Denn ich habe dieses Buch angefangen zu schreiben, weil ich mich noch nie so geschämt habe Theologie zu studieren, mich Christ zu nennen und dieser Kirche anzugehören, wie an diesem ganz bestimmten herbstlichen Morgen in Berlin. Und dieses tief-beschämende Gefühl, dass da etwas nicht stimmt, mit der Theologie, den Kirchen und dem Christentum in unserem Land, das lässt mich einfach nicht mehr los.

So sitze ich hier und schreibe Ihnen. Von meinem tief-beschämenden Gefühl. Von meinen Gedanken, meinen Zweifeln. Und meinen Träumen. *I have a dream*. Man wird ja wohl in meinem Alter noch träumen dürfen? Ich sitze hier und schreibe Ihnen. Von dem, was mich in meinem gesamten Theologiestudium am meisten bewegt hat. Von dem, was wie kein anderes Thema mein Herz berührt hat. In diesem Sinne sind diese und alle folgenden Worte eine echte *Herzensangelegenheit*.

Verstehen Sie mich nicht falsch: Ich bin kein herausragender Theologe, werde nicht das beste Examen ablegen. Das, was Sie gerade lesen, ist keine anspruchsvolle theologische Literatur.

In meinem Studium habe ich viele sehr begabte Menschen kennengelernt, vor denen ich großen Respekt habe. Und was habe ich für beeindruckende Bücher von großartigen Denkern gelesen! Was ich damit sagen möchte: Dieses Buch wird nicht *richtig* sein. Es wird vieles zu kritisieren geben und sicherlich wird die meiste Kritik auch nicht grundlos sein. Dieses Buch hat noch nicht mal den Anspruch *neu* zu sein. Wenn ich eines in den letzten Jahren gelernt habe, dann, dass alles Wichtige in der Theologie schon gesagt wurde. Es wird nur regelmäßig wieder vergessen, damit jemand anderes es irgendwann später leicht verändert neu entdecken kann (eigentlich eine sehr nette Begebenheit; Was wohl all die Theologen ansonsten machen würden?).

Also: Erwarten Sie nichts bahnbrechend Neues und erwarten Sie keine intellektuellen Wolkengüsse von mir. Sicherlich hat schon jemand Klügeres als ich sich mit meinen Fragen herumgeschlagen und sicherlich hat schon jemand Wortgewandteres als ich sie beantwortet.

Aber ich lade Sie ein, mich auf den folgenden Seiten auf (m)einer Reise zu begleiten. Einer Reise durch *meine* Gedanken, Gefühle und Erkenntnisse. Einer Reise zu dem, was mir so sehr auf dem Herzen liegt, dass ich es einfach aufschreiben musste.

Soviel vorweg: Es wird sich alles um die Liebe drehen. Die Liebe, von der Jesus Christus gesprochen hat. Die Liebe, die *das Grundprinzip des Christentums* ist. Und es wird um unsere Kirchen, die Gemeinden in unserem Land gehen. Um unser Verständnis davon, was es heißt ein Christ zu sein. Um das Theologiestudium an unseren Universitäten.

Und vor allem darum, dass da etwas nicht stimmt mit unseren Kirchen, unserem Christentum und unserem Theologiestudium.

Ich freue mich, wenn Sie mich auf der nun folgenden Reise begleiten. Am Ende unserer Reise werden wir bei Paradiesbäumen, Liebesnestern und einer großen Theologischen Leere landen. Aber unser eigentliches Ziel wird ein Traum sein. Ein Traum von einer Kirche, die ihre Aufgabe entdeckt. Ein Traum von einer Theologie, die ihre Grundlage versteht. Ein Traum von einem Christentum, das seinem Namen gerecht wird.

Das Ziel unserer Reise wird das Paradies auf Erden sein.

Ein kleines Stück vom Himmel auf Erden.

Mitten unter uns.

DER SYSTEMFEHLER

Theologie ist meistens zäh. Manchmal muss sie das vielleicht auch sein.

An besagtem nasskalten Morgen saß ich in einem Seminar über ein Buch des Alten Testaments: Das Buch Hiob. Kennen Sie die Geschichte? Hiob ist ein guter, gläubiger Mann mit Frau, Haus und Kindern. Doch eines Tages beginnt das Elend. Er wird krank und verliert seinen Besitz. Da er sich keiner Schuld bewusst ist, klagt er Gott an: „Wieso leide ich, Gott? Was habe ich getan? Wieso tust du mir das an? Gott, was soll das?"

Durchaus Fragen, die wir heute kennen, oder nicht?

Ich vermute, dass die Frage nach dem Leid eine der meistgestellten Fragen unter Christen wie Nicht-Christen ist. Wie kann es einen guten und allmächtigen Gott geben, angesichts all des Leidens auf der Welt?

Spannend! Welche Antwort werde ich als Pastor später geben können? Welche Antwort kann ich geben, wenn Sie mich auf der nächsten Feier fragen?

Aber noch spannender ist, dass Gott im Buch Hiob antwortet! Er reagiert auf das Rufen und Klagen Hiobs! Ja, Wahnsinn oder? Da klagt und ruft einer zu Gott und bekommt tatsächlich eine Antwort! Unsere Erfahrung ist doch häufig eine andere: Wir klagen und rufen – aber niemand antwortet.

Also, was antwortet Gott? Was sagt er Hiob? Was kann ich daraus mitnehmen, wenn ich demnächst gefragt werde?

Glauben Sie mir, ich habe mich *wirklich* auf dieses Seminar gefreut (sehen Sie, da passiert es schon wieder. Ich versuche Sie zu überzeugen, dass ich mich *wirklich* darauf gefreut habe).

Nach den ersten Sitzungen kam dann aber die Ernüchterung. So richtig spannend wurde es nicht. Wir haben viel über den Text im Buch Hiob geredet. Die Grammatik analysiert, einzelne Worte bis zur allerletzten möglichen Bedeutung erforscht, Einflüsse von anderen Traditionen ermittelt. Aber es kamen kaum praktische Ergebnisse zustande. Was war mit dem spannenden Thema des Buches? Was war mit der großen Frage der Menschheit, was sagte Gott denn nun *wirklich* zu Hiob, was war denn nun die Antwort auf die Frage nach all dem Leid?

Okay, ich hatte wohl falsche Erwartungen an das Seminar, sagte ich mir. Innerlich stellte ich mich darauf ein, die restlichen Seminarwochen entspannt in der letzten Reihe zu verbringen und darauf zu hoffen, dass sich zumindest ab und zu etwas Sinnvolles ergeben würde. Und in der Zwischenzeit dann eben Spiegel-Online lesen.

So saß ich auch an diesem herbstlichen Morgen in der letzten Reihe des Seminars. Drinnen Spiegel-Online, draußen der Nieselregen. Draußen war es noch nicht ganz hell und drinnen ich noch nicht ganz wach (dummerweise hat pure Milch nämlich nicht die gleiche Wirkung wie Kaffee). Entfernt sah ich durch den Nieselregen die Brückenunterführung, bei der ich eben auf meinem Hinweg die Obdachlosen schlafen sah. Etwas weiter vorn der Mülleimer, in dem eben noch nach Pfandflaschen gesucht wurde.

Im Seminar waren wir gerade dabei Silben zu zählen.

Dabei wurde festgestellt, dass einer von 12 Versen, die wir an diesem Tag genauer untersuchten, einige Silben mehr hat, als der durchschnittliche Vers des Hiob-Buches.

Ein untrügliches Zeichen für einen aufgeweckten Theologen, dass hier irgendwas mit dem Text nicht stimmt! Da hat offensichtlich jemand später noch etwas in den Text eingefügt! Also haben wir uns Gedanken gemacht, wann, wer, was hier warum verändert hat.

Wir haben Silben gezählt.

In einem Palast aus Glas und Beton.

Und ich sah die Brückenunterführung und den Mülleimer.

Ich will keine unnötige Dramatik und Schwere in diesen Moment legen. Aber es ist die Wahrheit, wenn ich Ihnen schreibe, dass mir in diesem Moment ohne Vorwarnung die Tränen kamen und ich mich plötzlich einfach nur noch geschämt habe.

Geschämt vor den Menschen.

Geschämt vor Gott.

Geschämt vor mir selbst.

Geschämt.

So sehr geschämt.

Wir haben Silben gezählt.

In einem Palast aus Glas und Beton.

Ich sah die Brückenunterführung und den Mülleimer.

Und ich fragte mich – so abgedroschen diese Frage für Sie auch klingen mag – wo Jesus an diesem Morgen wohl gewesen wäre.

Hätte er neben mir gesessen und Silben gezählt? Hätte er sich gemeldet und darüber diskutiert, welcher Teilvers nicht ursprünglich sei und deshalb verworfen werden sollte?

Oder hätte ich ihn irgendwo draußen auf der Straße entdecken können?

Zwischen dem Palast der Theologen und der Brückenunterführung liegen eigentlich nur rund 300 Meter. Aber in diesem Moment trennte uns ein ganzes Universum.

Ich hatte den restlichen Tag noch andere Seminare und es war schon wieder dunkel, als ich die schweren Türen des hell erleuchteten und angenehm temperierten Palasts hinter mir schloss. Das Nieseln hatte sich zu leichtem Regen entwickelt, die Touristenboote – nun mit einer Handvoll Touristen gefüllt – fuhren über die Spree, die Trauerweide stand immer noch auf der Flaniermeile, eine S-Bahn ratterte wieder über die Brücke und eine ganze Klasse an Schülern lärmte auf der anderen Straßenseite.

Der Platz bei der Brückenunterführung war leer. Es hatte irgendwann offensichtlich reingeregnet. Zumindest war der Boden nass.

Langsam machte ich mich auf den Heimweg und betete unentwegt. Ich ging durch die dunklen Straßen Berlins und bat Gott um Vergebung ohne genau zu wissen, warum und wofür eigentlich.

Ich hatte doch gar nichts getan.

Oder war genau das mein Problem?

Ich bemerkte ein dumpfes, schweres Gefühl tief in mir, dass irgendetwas hier nicht stimmte. Da passte etwas nicht ins Bild. Ich wusste nicht was, aber mein Gefühl sagte mir, dass hier irgendetwas ganz gehörig schief lief.

Irgendwo war ein Fehler im System.

Ich wusste nur noch nicht wo.

Als ich nach Hause kam, lieh ich mir von meinen Mitbewohnern zwei Thermoskannen aus, füllte sie mit heißem Tee, zog mich warm an und wanderte für fast zwei Stunden durch die Straßen Berlins. Es war ein mickriger und jämmerlicher Versuch der Wiedergutmachung.

Ich wurde zwei Liter Tee an ein paar Obdachlose los und schlief abends unruhig, verwirrt und traurig ein.

Irgendwo war ein Fehler im System.

Ich wusste nur noch nicht wo.

EIN NEUES GEBOT

Ich bin kein Bibel-Ass. Ganz im Gegenteil: Immer wieder beneide ich andere Menschen um ihr gutes Bibelwissen. Dabei studiere ich nun schon seit einigen Jahren Theologie und lese auch privat gerne in der Bibel. Vielleicht kann ich mir Dinge einfach nicht so gut merken wie andere Leute. Doch ein Vorteil daran ist, dass ich immer mal wieder einen Bibelvers höre oder lese und freudig überrascht denke: Was, das steht auch in der Bibel? Das habe ich ja noch nie gelesen/gehört!

Genau das geschah während einer Predigtreihe eines amerikanischen Predigers zum Thema „Christen", die ich einige Wochen nach besagtem herbstlichem Morgen mir online ansah. Andy Stanley sprach darüber, woher der Begriff „Christ" eigentlich kommt, wann er von wem wohl zuerst geführt wurde, was man heute unter dem Begriff „christlich" so alles verstehen kann und was das eigentlich bedeuten würde „Christ zu sein".

Stanley orientierte fast alle seine Hauptgedanken an einem Vers. Und während er ihn immer tiefer auslegte, wurde mir immer klarer, dass dieser Vers vermutlich der Schlüssel auf der Suche nach dem Systemfehler war. Endlich hatte ich eine Idee davon, *was* schief lief! Endlich besaß ich eine Ahnung davon, *warum* ich das Gefühl hatte, dass irgendwas nicht stimmte mit der Kirche, dem Christentum, der Theologie – zumindest in der Form wie ich sie zumeist erlebte.

Also, worüber sprach Andy Stanley?

Er sprach über einen Vers, den Jesus zu seinen Jüngern gesagt hat:

Ich gebe euch ein neues Gebot: Liebt einander! Genauso wie ich euch geliebt habe, sollt ihr einander lieb haben. Daran werden alle erkennen, dass ihr meine Jünger seid.[1]

Ich hatte das sicherlich schon mehrmals gelesen. Aber mir war nie *wirklich* bewusst gewesen, dass Jesus hier ein neues Gebot gegeben hatte. Und noch weniger war mir klar, dass dieses neue Gebot „die Liebe" war. Wussten Sie, dass man uns Christen an der Liebe erkennt?

An der Liebe werden alle erkennen, dass ihr meine Jünger seid.

Und plötzlich fiel mir ein Vortrag ein, den ich im vorigen Sommer auf einer Konferenz in Chicago gehört hatte. Ganz ehrlich: Ich fand ihn schrecklich. Der Redner, ein „Bob" (man muss es so richtig breit und lang mit dickem amerikanisch Akzent aussprechen), wurde schon mit den Worten vorgestellt: „Wenn wir alle nur ein wenig wie Bob wären, dann wäre diese Welt eine bessere". Seien Sie ehrlich, nach der Einleitung hätten Sie ihn auch nicht gemocht. Als er dann noch – für mich typisch amerikanisch – eine Geschichte an die nächste reihte, über die Bühne sprang und – nun ja, wie gesagt: ich fand den Vortrag schrecklich. *Wirklich.*

Aber Bob prägte durch seinen ganzen Vortrag zwei Worte, die sich bis heute tief in mein Gehirn gegraben haben (erwähnte ich schon, wie schwierig dieser Vorgang normalerweise ist?).

Love does.

Liebe ist ein Verb.

Liebe ist ein *Tu*wort.

Liebe agiert. Liebe handelt. Liebe tut.

Love does.

Und einige Tage später las ich zufällig, was Paulus an die Gemeinde in Korinth über die Liebe schreibt:[2]

Stellt euch vor: Ich kann die Sprachen der Menschen sprechen und sogar die Sprache der Engel. Wenn ich es ohne Liebe tue, klinge ich wie ein dröhnender Gong oder wie ein schepperndes Becken. Oder stellt euch vor: Ich kann reden wie ein Prophet, kenne alle Geheimnisse und habe jede Erkenntnis. Oder sogar: Ich habe einen Glauben – so fest, dass er Berge versetzen kann. Wenn ich dabei keine Liebe empfinde, bin ich nichts. Stellt euch vor: Ich verteile meinen gesamten Besitz. Oder ich bin sogar bereit, mich bei lebendigem Leib verbrennen zu lassen. Wenn ich es ohne Liebe tue, nützt mir das gar nichts.

Prophetische Eingebungen werden aufhören, das Reden in fremden Sprachen wird verstummen, Erkenntnis wird ein Ende finden.

Aber die Liebe hört niemals auf.

Was bleibt, sind Glaube, Hoffnung, Liebe – diese drei.

Doch am größten von ihnen ist die Liebe.

Love does.

Ich gebe euch ein neues Gebot: Liebt einander! Genauso wie ich euch geliebt habe, sollt ihr einander lieb haben. Daran werden alle erkennen, dass ihr meine Jünger seid.

Die Liebe hört niemals auf.

Am größten von ihnen ist die Liebe.

Könnte es sein, dass der Systemfehler die fehlende Liebe ist?

Leben wir als Theologen, als Kirche, als Christentum, was Jesus geboten hat? *Liebt einander! Daran werden alle erkennen, dass ihr meine Jünger seid.*

Erkennen die Menschen an unserer Liebe, dass wir Christen sind, Jesus Jünger des 21. Jahrhunderts?

Könnte es sein, dass wir zwar nahezu alle Sprachen der Menschen sprechen, ziemlich viel Wissen über die Bibel angehäuft haben, ziemlich viele Erkenntnisse haben, schöne, große Kirchen besitzen und viel *über* den Gott der Bibel reden – aber dass das alles *nichts* bedeutet, weil die Liebe fehlt?

Ich war noch nicht tief in die gesamte Sache eingestiegen, aber ich hatte den gar nicht so leisen Verdacht, dass wir heutzutage in zu vielen Fällen in der Theologie, in der Kirche, im Christentum etwas verloren haben.

Die Liebe.

Doch: War das jetzt nur ein wirrer Gedanke von mir oder konnte sich diese Vermutung irgendwie bestätigen?

Bislang hatte ich ja eigentlich nur zwei Stellen aus dem Neuen Testament gelesen. Zwei Sätze von Jesus, mehr oder weniger zufällig entdeckt. Ein paar mehr Sätze von Paulus.

Aber von was für einer Liebe sprechen die beiden?

Welche Art von Liebe meinen sie?

Woher kommt diese Liebe? Wohin will sie?

Inwiefern *fehlt* die Liebe in Kirche, Theologie und Christentum? Ist sie *wirklich* so wichtig?

Und was hat der Gott der Bibel mit Liebe zu tun?

Ich suchte den Fehler im System und war auf ein neues Gebot von Jesus gestoßen: *Liebt einander! Genauso wie ich euch geliebt habe, sollt ihr einander lieb haben. Daran werden alle erkennen, dass ihr meine Jünger seid.*

Und nun wollte ich wissen, was es mit dieser Liebe auf sich hat.

Wie stand es um die Liebe in der Bibel? Hatte Jesus noch mehr zu sagen, als nur diese zwei Sätze?

Um diese Fragen zu beantworten, begann ich eine ungewisse Reise hinein in die Bibel und hatte zu diesem Zeitpunkt nicht die leiseste Ahnung, wohin mich das noch führen sollte.

DAS GRUNDPRINZIP

Nochmal in Ruhe. Jesus sagt zu seinen Jüngern:

Ich gebe euch ein neues Gebot: Liebt einander! Genauso wie ich euch geliebt habe, sollt ihr einander lieb haben. Daran werden alle erkennen, dass ihr meine Jünger seid.

Punkt. Kein „aber", kein Haken, kein Kleingedrucktes.

Also: „Liebt einander, wie ich euch geliebt habe. Daran soll man euch (Christen) erkennen." Ich nahm aus den zwei kurzen Sätzen mit:

(1) „Liebt einander" – Es geht Jesus um die gegenseitige Liebe.
(2) „Wie ich euch geliebt habe" – Die gegenseitige Liebe beruht auf der Liebe von Jesus.
(3) „Daran soll man euch erkennen" – Und Christen erkennt man an dieser gegenseitigen Liebe, die auf Jesus Liebe beruht.

Mir war bis zu diesem Zeitpunkt nicht bewusst, dass die Botschaft der Christen so einfach und so unkompliziert ist.

Fünf Buchstaben.

Könnte auch J-E-S-U-S sein und wäre zugegebenermaßen auch nicht völlig falsch.

Aber es ist:

L-I-E-B-E.

Was macht uns Christen aus? Die Liebe!

Liebe Kirche, liebes Theologiestudium, liebes Christentum, gilt das auch für uns?

Ich meine: Gilt das *wirklich* auch für uns?

Macht uns die Liebe aus? Erkennt man uns *wirklich* an der Liebe?

Wann hatten wir als Kirche beschlossen, dass Christ-Sein so viel schwerer und komplizierter sein müsste? Seit wann gingen Theologiestudium und Liebe getrennte Wege? Wieso hatte ich bislang Kirchgemeinden und Christen an vielen Dingen, aber nur in den seltensten Fällen an der Liebe erkannt?

Die Schlichtheit und die gleichzeitig überwältigend umfassende Tiefe der zwei kurzen Sätze von Jesus zogen mich wie bislang nur weniges in meinem Studium in den Bann.

Ich gebe euch ein neues Gebot: Liebt einander! Genauso wie ich euch geliebt habe, sollt ihr einander lieb haben. Daran werden alle erkennen, dass ihr meine Jünger seid.

Noch viel Spannender wurde es, als ich begann das Neue Testament mit diesem Vers im Hinterkopf zu lesen:

Auf die Frage, welches Gebot das Größte sei, antwortet Jesus, dass man Gott lieben soll. Mit ganzem Herzen, ganzer Seele und ganzem Willen. Das ist das wichtigste und größte Gebot. Aber das zweite Gebot ist genauso wichtig: Liebe deinen Mitmenschen wie dich selbst. Diese beiden Gebote fassen alles zusammen, was das Gesetz und die Propheten von den Menschen fordern und es ist wichtiger als alle Brandopfer und andere Opfer.[3]

Das höchste Gebot, sagt Jesus, ist das Liebesgebot. Interessant, dass gleichzeitig sein einzig neues Gebot „Liebt einander" ist, oder nicht?

Ein Schelm, der hier eine Verbindung sieht!

An anderer Stelle sagt Jesus, dass er das Gesetz nicht aufhebt, sondern erfüllt.[4] Was meint Jesus hier mit *Gesetz*? Er meint alle Vorschriften, Anweisungen und Gebote, die wir im Alten Testament in den Mose-Büchern finden können. Dazu gehören die Ihnen sicherlich bekannten zehn Gebote, aber auch Opfervorschriften, Regeln für den Gottesdienst, Regeln für die Staatsform der Israeliten, sogar Gesundheitsvorschriften und noch vieles, vieles mehr. Über alle diese Gesetze aus dem Alten Testament sagt Jesus also, dass er sie nicht aufhebt, sondern erfüllt.

Was heißt nun aber *erfüllen*? Das gesamte Gesetz ist in, mit und durch die Liebe erfüllt, erklärt Jesus weiter. Liebe zu Gott und Liebe zu den Mitmenschen. Damit ist das gesamte Gesetz erfüllt.

An einer weiteren Stelle sagt Jesus, wie man nach Gottes Willen lebt: in dem man liebt. Jesus macht mehr als deutlich, dass ein Leben nach Gottes Willen bedeutet, sich mit dem Herzen an das oberste Gebot zu halten. Die Liebe.[5]

Ja, es geht Gott um das Einhalten seiner Gebote und um ein Leben nach seinem Willen. Keine Frage. Aber ist es nicht spannend, dass Jesus beides mit dem gleichen Wort zusammenfasst?

Liebe.

Die Erfüllung aller Gebote ist in der Liebe zu finden.[6]

Das Leben nach Gottes Willen folgt der Liebe.

Das einzige neue Gebot, das Jesus seinen Jüngern mit auf den weiteren Weg gibt, ist das der gegenseitigen Liebe.

Lassen Sie es mich anders ausdrücken: Der Blick nach hinten ist Liebe: Das Judentum ist die Kinderwiege des Christentums. Jesus ist Jude, seine Jünger sind Juden, er predigt zunächst in den Synagogen. Und Jesus Botschaft ist: Die Erfüllung aller Gebote des Alten Testaments ist die Liebe.

Der Blick nach vorne ist Liebe: Jesus hat eine neue, eine frohe Botschaft. Er lehrt, predigt und redet zu den Menschen. Und als Zusammenfassung all seiner Lehre und dessen, was er den Menschen mitzugeben hat, sagt er: Liebt einander, so wie ich euch geliebt habe.

Der Blick nach oben ist Liebe: Die Erfüllung von Gottes Willen ist ein Leben der Liebe.

Dreifach Liebe in Leben und Lehre von Jesus Christus. *All you need is love* – und die Beatles haben es immer schon gewusst. *Love, love, love…*

Doch was passierte dann? Wie sind die ersten Christen mit dieser Botschaft umgegangen? Wurde sie vergessen, verändert oder weiter verbreitet?

Johannes schreibt im ersten Johannesbrief davon, dass *eine* Botschaft seit Beginn allen klar ist: Liebt einander.[7] Petrus schreibt im zweiten Petrusbrief, dass Liebe das höchste Gut ist.[8] Und auch im zweiten Johannesbrief wird betont, dass „einander lieben" kein neues Gebot ist, sondern von Anfang an so verkündet wurde.[9] Paulus betont im ersten Brief an die Korinther, dass ohne Liebe alles *nichts* ist, egal was man tut.[10]

Nichts.

Also: Wertlos.

Ich kann alle Sprachen der Menschen und sogar der Engel sprechen, reden wie ein Prophet, alle Geheimnisse kennen, jede Erkenntnis haben – ohne Liebe ist das alles wertlos. Ich kann meinen gesamten Besitz verteilen (das käme für uns heute ja durchaus auch in Frage) oder mich bei lebendigem Leibe verbrennen lassen (wird heute immer seltener in der evangelischen Kirche in Deutschland praktiziert). Wenn ich es ohne Liebe tue, nützt es mir gar nichts.

Sogar: Wenn ich einen Glauben hätte, so fest, dass er Berge versetzen kann und dabei keine Liebe empfinde, bin ich nichts. Liebe ist für Paulus das am meisten Anzustrebende, da sie die Grundlage für alles andere ist. Liebe ist sogar wichtiger als der Glaube, denn am Ende bleiben Glaube, Hoffnung und Liebe. Aber am größten ist die Liebe. Erkenntnis wird ein Ende finden, Reden in fremden Sprachen wird verstummen, prophetische Eingebungen werden aufhören. Die Liebe hört niemals auf.

Die Liebe hört niemals auf.

Ohne Liebe ist alles wertlos.

Hört nicht auf, einander aus reinem Herzen zu lieben, schreibt Petrus.[11] Bleibt unbeirrt auf dem Weg der Liebe, rät Paulus der Gemeinde in Korinth.[12] Alles was die Gemeinde in Korinth tut, soll mit Liebe geschehen.[13] Die Gemeinde in Ephesus wird schriftlich ermuntert ein Leben zu führen, dass ganz von der Liebe bestimmt ist.[14] Titus erhält von Paulus den Hinweis, dass Christen in Liebe miteinander verbunden sind.[15] Zum Abschluss des zweiten Briefes an die Gemeinde in Thessaloniki heißt es: Der Herr soll unsere Herzen auf die Liebe zu Gott hin ausrichten.[16] Der Gemeinde in Kolossä schreibt Paulus, dass sie über alles, was sie tun, die Liebe anlegen sollen. Denn sie ist das Band, das alles andere zusammenhält und vollendet.[17] Und womit sollen sich die Gemeindelehrer beschäftigen? Nicht mit endlosen Stammbäumen, sondern, ja, Sie werden es schon ahnen: Das Ziel der richtigen Lehre ist vielmehr die Liebe.[18]

Manche kritischen Bibelleser mögen einwenden, dass doch hier aber immer nur von Liebe innerhalb der Gemeinde die Rede sei, bzw. eben nur innerhalb des Jüngerkreises, Israels, den „Gläubigen" – wie auch immer man es nennen möchte. Aber was sagt Jesus in der Bergpredigt?[19]

Es geht um Nächstenliebe *als* Feindesliebe. Es geht eindeutig um eine Liebe, die sich nicht nur an Geschwister im Glauben richtet, sondern ausdrücklich gerade an die, die es nicht „verdient" haben. Und als Jesus gefragt wird, wer denn eigentlich der „Mitmensch", der Nächste, sei, da erzählt er die heute sehr bekannte Geschichte vom barmherzigen Samariter.[20] Der barmherzige Samariter half einem Fremden, einem Andersgläubigen, einem Außenstehenden. Und Jesus sagt: Macht es genauso, denn das meine ich mit Nächstenliebe.

Im Verlauf der Bibel finden wir im ersten Brief an die Thessalonicher zwei Aussagen.[21] Zum einen: Gott lasse eure Liebe zueinander und zu allen Menschen über jedes Maß hinauswachsen. Dies ist also eine Liebe an alle Menschen. Zum anderen steht aber auch im gleichen Brief, dass Gott selbst gelehrt hat, einander zu lieben (und hier ist es eindeutig nur innerhalb der Gemeinde gemeint).

Es gibt demnach Bibelstellen, in denen das „Lieben" nur auf die eigene Gemeinde zielt. Aber mit Blick auf die gesamte Botschaft von Jesus (z. B. Bergpredigt und der barmherzige Samariter) verstand ich, dass prinzipiell die Liebe allen gelten soll bzw. gilt. Weitere Bestätigung fand ich im zweiten Petrusbrief.[22] Dort unterteilt Petrus geschwisterliche Liebe und „die Liebe überhaupt". Diese „Liebe überhaupt" soll im besten Falle hinzukommen zu der geschwisterlichen Liebe, sie ist also eine Steigerung, eine noch höhere Stufe der Liebe. Das passte wieder zu Jesus Aussagen aus der Bergpredigt:[23] Was ist es schon für eine Leistung zu jemandem freundlich zu sein, der einem selbst gegenüber freundlich gesinnt ist? Wahre Liebe des Mitmenschen ist es, wenn auch die geliebt werden, die es nicht verdient haben.

Kurze Zusammenfassung gefällig?

Ich gebe euch *ein* neues Gebot: Liebt einander. *Hört nicht auf* einander zu lieben. *Bleibt unbeirrt* auf dem Weg der Liebe. *Alles* was ihr in eurer Gemeinde tut, das soll mit Liebe geschehen. Führt ein Leben, das *ganz* von der Liebe bestimmt ist. Das Ziel der *richtigen* Lehre ist Liebe. *Ohne* Liebe ist alles wertlos. Alles wird vergehen, aber die Liebe hört *niemals* auf.

Ich gebe euch *ein* neues Gebot: Liebt einander.

An der Liebe soll man euch erkennen.

Vielleicht kommen Sie zu einem anderen Schluss als ich. Vielleicht lesen Sie diese Bibelstellen aus einer anderen Perspektive, haben andere Erfahrungen gemacht oder legen auf die Bibelstellen ein anderes Gewicht.

Es geht mir hier nicht darum, dass im Neuen Testament kein anderes Thema so häufig benannt wird wie die Liebe. Denn das stimmt nicht. Soweit wir in der Bibel lesen können hat Jesus nicht den ganzen Tag „Make Love" gerufen und jedem

Menschen, den er sah, „Jesus liebt dich" Postkarten in die Hand gedrückt.

Aber können Sie verstehen, warum ich zu dem Schluss kam, dass die Liebe die einzige *Grundlage* für das Christentum ist? Welche andere Grundlage, welches andere *Grundprinzip* wird so eindeutig und durchgängig im Neuen Testament angeboten? Lesen Sie in der Bibel eine andere *Basis*, auf der die Gemeinde von Jesus Christus gebaut werden soll? Lesen Sie eine andere *Richtschnur*, nach der Jesus seine Nachfolger auffordert zu leben?

Verstehen Sie mich nicht falsch. Das sollen keine rein rhetorischen Fragen sein. Ich möchte Ihnen nur sagen: *Ich* habe keinen anderen Ausweg gesehen, habe keine andere Möglichkeit gefunden, als die Liebe als *das Grundprinzip des Christentums* festzuhalten.

Nicht, weil die Liebe das allumfassende Thema der Bibel wäre. Nicht, weil es nicht auch Texte in der Bibel gibt, in denen wir kaum etwas von Liebe entdecken. Sondern weil die Texte des Neuen Testaments aus meiner Sicht kein anderes *Grundprinzip* erkennen lassen.

Jesus sagt, dass alle Gebote Gottes, das gesamte Gesetz und der Wille Gottes mit der Liebe erfüllt sind. Liebe hoch drei. Und das sogar doppelt. Nicht nur Gebote, Gesetz und Wille sind durch die Liebe erfüllt, sondern es gilt auch: Liebe Gott, liebe dich und liebe deine Mitmenschen.[24]

Ich gebe euch *ein* neues Gebot: Liebt einander. *Hört nicht auf* einander zu lieben. *Bleibt unbeirrt* auf dem Weg der Liebe. *Alles* was ihr in eurer Gemeinde tut, das soll mit Liebe geschehen. Führt ein Leben, das *ganz* von der Liebe bestimmt ist. Das Ziel der *richtigen* Lehre ist Liebe. *Ohne* Liebe ist alles wertlos. Alles wird vergehen, aber die Liebe hört *niemals* auf.

Ich gebe euch *ein* neues Gebot. Liebt einander.

An der Liebe soll man euch erkennen.

An der Liebe.

Und ich saß in einem Palast aus Glas und Beton und zählte Silben.

EIN MENSCH

Ein kurzer Rückblick: Ich zählte Silben eines biblischen Textes und konnte gleichzeitig den Ort sehen, an dem Obdachlose schliefen und Pfandflaschen gesammelt wurden. Daraufhin stellte sich bei mir ein *gewisses Unwohlsein* ein und ich suchte nach dem Grund. Ich suchte nach dem Fehler im System. Irgendetwas lief doch schief in der Theologie, den Kirchen, dem Christentum.

Über eine Predigt stieß ich auf ein neues Gebot von Jesus: *Liebt einander*. Und auf seine Aussage, dass man uns Christen an der Liebe erkennen würde.

Daraufhin begann ich das Neue Testament auf diese Liebe hin zu untersuchen und fand einige erweiternde Aussagen zu dem Themenbereich *Liebe*. Letztlich kam ich zu dem Schluss, dass die Liebe *das Grundprinzip des Christentums* sein muss.

Dann kam mir ein weiterer Gedanke: Wenn Liebe das Grundprinzip des Christentums ist, dann sollte der Gott der Christen ja auch irgendetwas mit Liebe zu tun haben, oder nicht?

Damit stieß ich auf die grundsätzliche Frage nach dem *Wesen Gottes*. Wie ist dieser Gott? Wie wird er in der Bibel beschrieben? Wie ist der Gott der Christen? Der *christliche* Gott?

Als hätte Johannes Fragen dieser Art erwartet, schreibt er in seinem ersten Brief:[25] *Wir wollen einander lieben, denn die Liebe kommt von Gott. Gott ist die Liebe. Und so ist Gottes Liebe bei uns sichtbar geworden: Gott sandte seinen einzigen Sohn in die Welt, damit wir durch ihn das Leben bekommen. Die Liebe besteht nicht darin, dass wir Gott geliebt haben, sondern dass er uns geliebt hat. Er hat seinen Sohn gesandt, der für unsere Schuld sein Leben gegeben hat. So hat er uns mit Gott versöhnt. Ja, wir können nur lieben, weil er uns zuerst geliebt hat.*

Die Liebe kommt von Gott.

Gott ist die Liebe.

Gott hat uns zuerst geliebt. Nur deshalb können wir überhaupt lieben.

Gottes Liebe ist in Jesus Christus sichtbar geworden.

Paulus weist die Gemeinde in Thessaloniki gleich zweimal darauf hin, dass Gott sie liebt.[26] „Seht doch, wie groß die Liebe ist, die der Vater uns schenkt", schreibt Johannes.[27] „Gott schenkt euch seine Liebe", bekommt die Gemeinde in Ephesus zu lesen.[28] Und was ist das für ein Geschenk? Paulus klärt die Gemeinde in Rom auf: Gott zeigt seine Liebe am Kreuz.[29] Jesus Christus am Kreuz ist Gottes *Liebesbeweis*. Der

Gemeinde in Ephesus schreibt er ergänzend: Aus Liebe hat Christus sein Leben für euch gegeben.[30]

Es geht um den Tod von Jesus am Kreuz. Und das soll etwas mit Liebe zu tun haben? „Ja, aber natürlich!", so hört man Paulus aus seinen Briefen nahezu rufen. Gott beweist seine Liebe zu uns dadurch, dass Christus für uns gestorben ist. Und zwar damals, als wir noch mit Schuld beladen waren.[31]

Es ist die Liebe, die die Menschen von Schuld *befreit*. Es ist die Liebe, die *frei* macht. Es ist die Liebe, die vor Gott gerecht macht. Es ist Liebe, die Jesus am Kreuz sterben lässt. So auch der Autor der Offenbarung: Jesus hat durch seinen Tod am Kreuz seine Liebe gezeigt und die Menschen von ihrer Schuld befreit.[32] Paulus erklärt der Gemeinde in Korinth die Liebe von Jesus damit, dass Jesus *für alle* gestorben ist. „Er hat sein Leben für uns eingesetzt und daran haben wir erkannt, wie groß seine Liebe zu uns ist", fügt Johannes hinzu.[33] In Paulus Brief an die Gemeinde in Galatien heißt es dann wieder, dass Jesus seine Liebe geschenkt und sein Leben für uns Menschen gegeben hat.[34] Doch schließlich ist es erneut Johannes, der es am schönsten formuliert:

Denn so sehr hat Gott diese Welt geliebt: Er hat seinen einzigen Sohn gegeben, damit keiner verloren geht, der an ihn glaubt. Sondern damit er das ewige Leben erhält.[35]

Ich fragte, was der Gott der Christen mit der Liebe zu tun haben könnte und die erste Antwort war:

Die Liebe ist der Rettungsschirm Gottes.

Love does. Liebe ist ein Verb. Ein Tuwort. Liebe tut, Liebe agiert, Liebe handelt.

In diesem Fall: Liebe rettet.

Gott rettet aus Liebe.

Ich verstand auf einmal, dass meine Frage nach dem *christlichen* Gott, nach dem Gott, an den *Christen* glauben, bedeutete: Ich fragte zuerst und vorrangig nach dem *Christus*.

Und was ich über diesen Christus im Neuen Testament fand, war eindeutig: Er ist der *Liebesbeweis* Gottes.

Und weiter: Gott liebt diesen Christus. Gott liebt diesen Jesus Christus. Er ist sein geliebter Sohn.[36] Johannes berichtet, dass Gott, der Vater, seinen Sohn liebt.[37] Jesus selbst erzählt seinen Jüngern, warum der Vater ihn liebt: „Ich bin bereit mein Leben herzugeben, um es wieder neu zu erhalten".[38]

Gott liebt diesen Sohn. Und dieser Sohn gibt sich dann wiederum aus Liebe für die Menschen. Gleichzeitig stellt Jesus selbst fest, dass Gott die Menschen genauso liebt, wie er Jesus liebt.[39]

Love is all around.

Die Frage nach dem *christlichen* Gott zeigte mir einen Gott der Liebe. *Von Kopf bis Fuß auf Liebe eingestellt.* Gott selbst wird als Liebe beschrieben, er liebt seinen Sohn, er liebt die Menschen. Und der *Christus* ist die lebendig gewordene Liebe Gottes.

Die Frage nach dem *christlichen* Gott zeigte mir einen Gott, der mit seiner Liebe aktiv wird, der mit seiner Liebe rettet.

Die Texte des Neuen Testaments waren für mich mit Blick auf das *Wesen* Gottes eindeutig: Das *Wesen* Gottes ist an Jesus Christus zu erkennen.

Bislang hatte ich für mich festgehalten: Das *Grundprinzip des Christentums ist die Liebe,* weil die Liebe im Mittelpunkt der Lehre von Jesus Christus stand. Nun war ich noch einen Schritt weiter. Die Liebe ist auch deshalb das Grundprinzip des Christentums, weil der *Gott* der Bibel liebt. Und das zeigte sich konzentriert und auf den Punkt gebracht in Jesus Christus. Der Liebe Gottes in Person.

Der *Christus* ist *die Liebe Gottes*.

Das *Kreuz* ist *die Liebe* Gottes.

Der *Kern* des Christentums besteht aus Liebe: Jesus Christus und das Kreuz.

Aber was ist mit dem Alten Testament? Da ist Gott doch alles andere als lieb! Und was ist mit all den anderen Bibelstellen, in denen Gott so *anders* erscheint? Keine Frage: Auch ich las Bibelstellen, in denen Gott alles, aber nicht *lieb* ist. Definitiv nicht. Aber gleichzeitig waren doch die Texte des Neuen Testaments eindeutig: er ist ein *liebender* Gott.

Ich wusste und hatte selbst in der Bibel gelesen: Der Gott der Bibel kann auch zornig sein. Er kann wütend und er kann alles andere als *lieb* sein. Aber offensichtlich kann er nicht anders, als zu *lieben*.

So musste ich wohl lernen zu unterscheiden zwischen *lieb* und *liebend*. Von einem *lieben* Gott las ich nichts in der Bibel. Aber von einem *liebenden* Gott.

Vor allem: Der Gott, von dem ich im Neuen Testament las, war einer, dessen Wesen *maßgeblich* von der Liebe bestimmt war.

Love does.

Liebe ist ein Verb.

Und ein Mensch.

Jesus *Christus*.

DIE FRUCHT

Kurz mal Luft holen. Tief einatmen. Während meiner bisherigen Reise durch die Bibel hatte ich Liebe als *das Grundprinzip des Christentums* entdeckt und zuletzt herausgefunden, dass auch das *Wesen* Gottes ganz maßgeblich von der Liebe bestimmt ist. Jesus Christus ist die Liebe Gottes in Person. Jesus Christus am Kreuz ist *das* Zeichen für Gottes Liebe zu den Menschen. Christentum und Liebe, das hängt offensichtlich eng zusammen. Zumindest in der Theorie. Was war also mit der Praxis?

Ich gebe euch ein neues Gebot: Liebt einander! Genauso wie ich euch geliebt habe, sollt ihr einander lieb haben. Daran werden alle erkennen, dass ihr meine Jünger seid.

Daran. Daran, dass wir einander lieben, erkennt man, dass wir Jesus Jünger des 21. Jahrhunderts sind.

Wie würde so eine Kirche aussehen? Die man an der Liebe erkennen könnte?

Wie würde so eine Theologie aussehen? Die man an der Liebe erkennen könnte?

Wie würde so ein Christentum aussehen? Das man an der Liebe erkennen könnte?

Also, wie sieht diese Liebe denn nun aus? Ganz praktisch?

Die Liebe ist geduldig. Gütig. Ereifert sich nicht. Prahlt nicht. Spielt sich nicht auf. Ist nicht taktlos. Sucht nicht den eigenen Vorteil. Ist nicht reizbar. Trägt das Böse nicht nach. Freut sich nicht, wenn Unrecht geschieht. Freut sich dagegen, wenn die Wahrheit siegt. Sie erträgt alles, glaubt alles, hofft alles, hält allem stand.

Das ist Paulus Beschreibung der Liebe für die Gemeinde in Korinth.[40]

An die Gemeinde in Rom schreibt er:[41] *Eure Liebe soll aufrichtig sein. Verabscheut das Böse und haltet am Guten fest. Liebt einander von Herzen. Übertrefft euch gegenseitig an Wertschätzung. Lasst nicht nach in eurem Eifer. Seid mit Begeisterung dabei und dient dem Herrn. Freut euch, dass ihr Hoffnung habt. Bleibt standhaft, wenn ihr leiden müsst. Hört nicht auf zu beten. Helft den Heiligen, wenn sie in Not sind. Macht euch die Gastfreundschaft zur Aufgabe. Segnet auch die Menschen, die euch verfolgen, segnet sie und verflucht sie nicht. Freut euch mit den Fröhlichen. Weint mit den Weinenden. Seid alle miteinander auf Einigkeit aus. Werdet nicht überheblich, sondern lasst euch auf die Unbedeutenden ein. Baut nicht auf eure eigene Klugheit. Vergeltet Böses nicht mit Bösem. Habt den anderen Menschen gegenüber stets nur Gutes im Sinn. Lebt mit allen Menschen in Frieden – soweit das möglich ist und es an euch liegt. Nehmt nicht selbst Rache. Lasst euch nicht vom Bösen besiegen, sondern besiegt das Böse durch das Gute.*

Und an die Gemeinde in Kolossä: *[42] Die Kleidung der Liebe ist herzliches Erbarmen, Güte, Demut, Freundlichkeit und Geduld. Liebe erträgt und vergibt. Sie hält alles zusammen und vollendet.*

Nicht nur Bob, auch Johannes wusste schon: *love does*. Liebe tut etwas. Liebe handelt.[43] Die Liebe baut die Gemeinde auf,[44] sie stärkt die Gemeinschaft[45] und wächst stetig.[46]

Petrus schreibt, dass die Liebe allen Menschen Achtung entgegen bringt.[47] Der Gemeinde in Ephesus teilt Paulus mit, dass sie sich in Liebe ertragen sollen. Voller Demut, Freundlichkeit und Geduld.[48] Und die Gemeinde soll sich von der Liebe leiten lassen.[49] Die Liebe steht auch nicht im Widerspruch zum Verstand. Ganz im Gegenteil: Sie kann geprägt sein von Erkenntnis und umfassendem Verständnis.[50]

Der Gemeinde in Philippi lässt Paulus zukommen: „Denkt im Umgang miteinander immer daran, welchen Maßstab Jesus gesetzt hat".[51]

Die Liebe ermutigt. Die Liebe verbindet. Nicht Eigennutz oder Eitelkeit soll euer Handeln bestimmen. Sondern nehmt euch zurück und achtet den anderen höher als euch selbst. Seid nicht auf euren eigenen Vorteil aus, sondern auf den der anderen, und zwar jeder und jede von euch. Denkt im Umgang miteinander immer daran, welchen Maßstab Jesus gesetzt hat.[52]

Denkt immer daran, welchen Maßstab Jesus gesetzt hat. Was war das nochmal für ein Maßstab?

Liebt eure Feinde. Tut denen Gutes, die euch hassen. Segnet die, die euch verfluchen. Betet für die, die euch beschimpfen. Haltet auch die zweite Backe hin, gib das Hemd, wenn dir der Mantel genommen wurde. Behandelt die anderen so, wie ihr auch behandelt werden möchtet.[53]

Liebt nicht nur die, die euch auch lieben. Tut nicht nur denen Gutes, die auch euch Gutes tun.[54]

Jesus sagt, dass alle Gebote Gottes, das gesamte Gesetz und der Wille Gottes mit der Liebe erfüllt sind. Und er sagt vor allem auch: Liebe Gott, liebe dich und liebe deine Mitmenschen.

Und während Jesus die Füße seiner Jünger wäscht, erzählt er, dass er ihnen damit ein Beispiel gibt, wie sie leben sollen. Sie sollen für sich gegenseitig das tun, was er für sie getan hat.[55]

Lieben.

Ein Leben führen, das von der Liebe durch und durch geprägt ist.

Ich gebe zu: Ich war beeindruckt. Tief beeindruckt. So eine wortgewaltige Beschreibung der Liebe hatte ich in der Bibel nicht erwartet.

Was wäre das für ein Christentum, eine Theologie, eine Kirche – ja, was wäre das für eine Welt, die von solch einer Liebe geprägt werden würde?

Es wäre das Paradies. Nicht wahr?

Auf eine Art: Der Himmel auf Erden.

Und plötzlich fragte ich mich: Was, wenn dieser Satz *wortwörtlich* zu verstehen war? Was, wenn Jesus genau das meinte, als er sagte, dass das Reich Gottes schon mitten unter uns sei?[56]

Im Himmel auf Erden sind die Menschen geduldig. Gütig. Ereifern sich nicht. Prahlen nicht. Spielen sich nicht auf. Sind nicht taktlos. Suchen nicht den eigenen Vorteil. Sind nicht reizbar. Tragen das Böse nicht nach. Freuen sich nicht, wenn Unrecht geschieht, sondern wenn die Wahrheit siegt. Wertschätzen den anderen. Sind begeistert. Hilfsbereit. Gastfreundlich. Üben keine Rache. Vergeben. Freuen sich mit den Fröhlichen. Weinen mit den Weinenden. Sind auf Einigkeit aus. Sind nicht überheblich. Bauen nicht auf die eigene Klugheit. Vergelten Böses mit Gutem. Suchen den Frieden. Erbarmen sich, sind demütig, freundlich. Ertragen und vergeben, halten zusammen und sind vollendet. Sie sind aktiv. Sie handeln und schauen nicht weg. Sie bauen sich auf und stärken die Gemeinschaft. Achten alle anderen Menschen. Ermutigen. Tun denen Gutes, die es eigentlich nicht verdient haben.

Es wäre das Paradies. Nicht wahr?

Auf eine Art: Der Himmel auf Erden.

Etwa mitten unter uns?

DIE GROSSE GESCHICHTE

Das Paradies. Ein Stück vom Himmel auf Erden. Mitten unter uns?

Ist das wirklich das, was am Ende herauskommen soll?

Ist das nicht Spinnerei? Träumerei?

Vielleicht.

Vielleicht ist aber auch genau *das* das eigentliche Ziel? Das Ergebnis? Das, worauf es alles hinausläuft?

Es wird Zeit, dass wir uns *die große Geschichte* der Bibel einmal anschauen. Grundvoraussetzung der Geschichte: Es gibt einen Gott. Und dieser Gott hat die Welt und die Menschen erschaffen. Doch dann tun die ersten Menschen etwas, das gegen Gott ist. Sie begehren auf. Sie wollen selber Gott sein. Sie hören nicht auf das, was Gott ihnen gesagt hat. Er hat ihnen alles erlaubt, nur eine Sache nicht. Aus pädagogischer Sicht mag es zwar äußerst logisch sein, dass die ersten Menschen dann genau das Verbotene tun – aber nichtsdestotrotz: Nun ist ein Bruch in der Welt. Die Bibel nennt es Sünde.

Als Folge fliegen die ersten Menschen aus dem Paradies hochkant hinaus. Übrigens fliegen sie wortwörtlich aus dem Himmel auf *Erden*. Denn die ersten Menschen werden nicht aus dem Himmel auf die Erde „verstoßen" (quasi als Strafe), sondern aus der vollkommen guten Welt, dem Paradies (das sich auf der Erde befindet!). Die ersten Menschen werden aus der Welt herausgeworfen, die Gott „sehr gut" genannt hat. Aber sie werden nicht aus dem Himmel auf die Erde verbannt.

Wie dem auch sei: Wir waren schon so weit in der Geschichte, dass die Sünde in der Welt ist. Fortan besteht also zwischen Gott und Mensch dieser Bruch. Sünde. Schuld.

Dann folgt die lange, lange Geschichte Gottes mit seinem Volk Israel und schließlich tritt Jesus Christus auf, stirbt am Kreuz, steht drei Tage später auf, weilt noch rund 40 Tage auf der Erde und fährt dann auf in den Himmel. Durch seinen Tod am Kreuz hat Jesus nach eigenem und biblischem Verständnis alle Schuld getilgt. Die Sünde besiegt. Alles bereinigt, was zwischen Gott und Mensch stand. Den Bruch heilen lassen.

Und das war´s? Ende gut, alles gut?

Nein, die Geschichte endet hier noch nicht.

Denn Jesus verkündigt, dass das Reich Gottes nahe ist. Ja, es ist sogar schon mitten unter uns. Einerseits ist es also schon da und andererseits noch nicht so richtig.

Das Ende der großen Geschichte der Bibel ist der Anfang. *Back to the roots*. Am Anfang steht eine vollkommen gute und heile Welt. Und am Ende steht eine vollkommen gute und heile Welt.

Und siehe es wird wieder sehr gut sein.

Das Ziel der gesamten großen Geschichte der Bibel ist die Wiederherstellung des sehr guten Zustandes der Erde.

Jesus ist nicht gekommen, um ein paar Menschen zu heilen, ein paar zu retten und Leute einzuladen, doch bitte an ihn zu glauben, damit er, der Heilige Geist und Gott es im Himmel später nicht so einsam haben werden.

Das Ende der großen Geschichte der Bibel ist ihr Anfang.

Am Anfang steht eine vollkommen gute und heile Welt. Und am Ende steht eine vollkommen gute und heile Welt. Wir befinden uns irgendwo dazwischen. Wir sind in der Welt, die noch nicht (wieder) der Himmel ist, aber in dem schon jetzt ein Stück davon sichtbar werden kann. Das sind Jesus Worte.

Das Himmelreich ist nahe! Es ist sogar schon mitten unter euch!

Ich begann langsam einen Zusammenhang zu verstehen. Oder besser: Ich begann einen Zusammenhang zu sehen und glaubte, dass ich ihn verstehen würde.

Wie war das nochmal mit der Liebe?

Die Liebe ist geduldig. Gütig. Ereifert sich nicht. Prahlt nicht. Spielt sich nicht auf. Ist nicht taktlos. Sucht nicht den eigenen Vorteil. Ist nicht reizbar. Trägt das Böse nicht nach. Freut sich nicht, wenn Unrecht geschieht, sondern wenn die Wahrheit siegt. Wertschätzt den anderen. Sie ist begeistert. Hilfsbereit. Gastfreundlich. Übt keine Rache. Vergibt. Freut sich mit den Fröhlichen. Weint mit den Weinenden. Ist auf Einigkeit aus. Ist nicht überheblich. Baut nicht auf die eigene Klugheit. Vergilt Böses mit Gutem. Sucht den Frieden. Sie erbarmt sich, ist demütig, freundlich. Sie erträgt und vergibt, sie hält zusammen und sie vollendet. Liebe tut. Liebe handelt. Sie baut auf und stärkt die Gemeinschaft. Achtet alle Menschen. Ermutigt. Tut denen Gutes, die es eigentlich nicht verdient haben.

Was wäre das für eine Welt, die von solch einer Liebe geprägt werden würde?

Es wäre eine *sehr gute* Welt.

Eine Welt, geprägt von dieser Liebe, das wäre auf eine Art und Weise der Himmel auf Erden. Das Paradies. Zumindest in Teilen. Es wäre zumindest ein kleines Stück vom Himmel auf Erden. Schon jetzt.

Und ja: Mitten unter uns!

WDLROF

Vor einigen Wochen hörte ich von einer Studie aus den USA. 80 % der Befragten gaben an, dass sie Christen kennen. Und 15 % gaben an, dass sie festgestellt hätten, dass Christen irgendwie anders seien.

Ich weiß noch nicht, was ich darüber denken soll. Letztlich weiß ich auch viel zu wenig über die Studie. Aber irgendwie sind die Zahlen schon bedenkenswert, oder nicht?

Ich gebe euch ein neues Gebot: Liebt einander! Genauso wie ich euch geliebt habe, sollt ihr einander lieb haben. Daran werden alle erkennen, dass ihr meine Jünger seid.

Erkennt man uns Christen, Jesus Jünger des 21. Jahrhunderts, heute überhaupt an (irgend)etwas? Und wenn ja, woran?

An der Liebe?

Wirklich?

Paulus ermutigt die Gemeinde in Korinth, alles, was sie tut, mit Liebe zu tun.[57] Die ersten Christen sollten in Liebe miteinander verbunden bleiben.[58] Im Brief an die Hebräer heißt es: Wir wollen uns umeinander kümmern und uns gegenseitig zur Liebe und zu guten Taten anspornen.[59]

Warum sind das Neue Testament und die ersten Christen (soweit wir das aus den uns überlieferten Briefen herauslesen können) so auf die Liebe fixiert?

Meine ganz persönliche Antwort haben Sie miterlebt. Auf dem Weg zu meiner Antwort habe ich die Bibel gelesen, Gott gebeten, möglichst bei meinen Gedanken dabei zu sein und dann beobachtet, welche Ergebnisse mir das Lesen der Bibel geliefert hat.

Heute würde ich sagen, dass die Liebe das *Grundprinzip des Christentums* ist. Warum?

1) Die Liebe ist Grundlage und Mittelpunkt der Lehre von Jesus Christus.
2) Jesus Christus ist Ausdruck der Liebe Gottes.
3) Letztlich: Gott ist ein *liebender* Gott.

Drehen wir diese Kette um, damit es noch deutlicher wird:

1) Gott ist ein *liebender* Gott.
2) Jesus Christus ist Ausdruck dieser Liebe Gottes.
3) Die Grundlage und der Mittelpunkt der Lehre von Jesus Christus ist wiederum die Liebe.

Was, wenn nicht die Liebe, sollte da als das *Grundprinzip des Christentums* gelten?

Und ist es dann nicht nur konsequent und logisch, dass die Nachfolger von Jesus Christus und die Gemeinde von Jesus

Christus ganz grundsätzlich auch etwas mit Liebe zu tun haben müssten?

Sehen Sie auch den *roten Faden*, der sich von Gott, über Jesus Christus, über seine Lehre und das Neue Testament bis zum heutigen Christentum mitsamt Theologie und Kirche zieht?

Oder besser: Sehen Sie auch den *roten Faden*, der sich von Gott, über Jesus Christus, über seine Lehre und das Neue Testament bis zum heutigen Christentum mitsamt Theologie und Kirche ziehen *sollte*?

Ist es nicht die Liebe, die uns als Christen entscheidend prägen sollte?

Ist es nicht die Liebe, die unsere Konzepte und Ideen von Gemeinden entscheidend prägen sollte?

Oder wie sonst sollen wir Paulus verstehen, wenn er schreibt, dass ohne die Liebe alles wertlos ist?

Was ist höher, wichtiger, grundsätzlicher als die Liebe, wenn es von ihr heißt, dass alles vergeht, aber sie bleibt? Glaube, Liebe, Hoffnung – aber am größten unter ihnen ist die Liebe.

Was beschreibt das Entscheidende am Christentum besser als die Liebe? Wenn es in der Bibel heißt, dass Gott die Menschheit geliebt und deshalb Jesus gesandt hat? Wenn Gott selbst als Liebe bezeichnet wird, Jesus als der Liebesbeweis Gottes verstanden wird, Gott seinen Sohn liebt, dieser wiederum die Menschen – welche Eigenschaft beschreibt den Gott der Bibel, den christlichen Gott umfassender als die Liebe?

Was beschreibt die Person, das Wirken und den Sinn von Jesus Christus besser als die Liebe?

Was beschreibt deutlicher, was es bedeutet Jesus nachzufolgen als die Liebe? Wenn Sie gefragt würden, was es heißt Christ zu sein, „biblisch" zu leben, Jünger zu sein – wenn man Sie fragen würde, wie man den Willen Gottes erfüllen oder das Gesetz Gottes einhalten könne, wenn Sie fragen würde, was es heißen würde „mit" Gott oder „nach" Gottes Plan zu leben; haben wir eine bessere Antwort als „zu lieben"?

Als Jugendlicher habe ich eines dieser WWJD-Armbänder getragen: What Would Jesus Do? Was würde Jesus tun?

Heute denke ich, dass es die falsche Frage ist, auch wenn sie das Richtige meint. Eigentlich müsste es ein WDLROF-Armband sein.

What Does Love Require Of Me? Was verlangt die Liebe von mir?

Was lässt die Liebe mich in dieser Situation tun?

Aus Sicht der Liebe, was wäre jetzt zu tun?

Kirche, was wäre, wenn du die Liebe als deine Aufgabe entdecken würdest?

Theologie, was wäre, wenn du die Liebe als deine Grundlage verstehen würdest?

Christentum, was wäre, wenn du liebend deinem Namen gerecht werden würdest?

Wäre dann etwa das Reich Gottes mitten unter uns?

Ich meine: *Wirklich* so richtig unter, zwischen und bei uns?

Und wie könnte das ganz praktisch aussehen?

Kirche, was wäre, wenn du Liebe als deine Aufgabe entdecken würdest?

Theologie, was wäre, wenn du Liebe als deine Grundlage verstehen würdest?

Christentum, was wäre, wenn du liebend deinem Namen gerecht werden würdest?

Wäre dann etwa das Reich Gottes mitten unter uns?

Ich meine: *Wirklich* so richtig unter, zwischen und bei uns?

KEINE RETTUNG

Auf unserer Reise stehen wir kurz davor, praktische Konsequenzen aus den bisherigen Erkenntnissen zu ziehen. Wir stehen kurz vor der Frage, was es für Auswirkungen haben könnte für das Bild vom Christ-Sein, unseren Kirchen und dem Theologiestudium, wenn wir den Gedanken der Liebe als Grundprinzip des Christentums konsequent weiter denken.

Aber an dieser Stelle möchte ich mit Ihnen einen kleinen Zwischenstopp einlegen. Denn es gibt einen Unterschied zwischen Glaube und Liebe. Und der ist wichtig. Es ist der Unterschied zwischen dem was rettet und dem was nicht rettet.

Rettung?

Ja. Rettung!

Rettung vor was oder vor wem?

Die Antwort liegt erneut in der *großen Geschichte* der Bibel. Sie erinnern sich noch?

Es gibt einen Gott, der diese Welt und die Menschen erschaffen hat. Doch dann tun die ersten Menschen etwas, das gegen Gott ist. Sie begehren auf. Sie wollen selber Gott sein. Sie hören nicht auf das, was Gott ihnen gesagt hat. Nun ist ein Bruch in der Welt. Die Bibel nennt es Sünde.

Als Folge fliegen die ersten Menschen aus dem Paradies hochkant hinaus. Die ersten Menschen werden aus der Welt herausgeworfen, die Gott „sehr gut" genannt hat. Fortan besteht zwischen Gott und Mensch dieser Bruch. Sünde. Schuld.

Dann folgt die lange Geschichte Gottes mit seinem Volk Israel. In dieser Zeit gibt Gott dem Volk Israel das *Gesetz* (also wie bereits kurz erwähnt, die zehn Gebote und viele weitere Gesetze, Vorschriften und Gebote). Und schließlich tritt Jesus Christus auf. Gottes Sohn. Er stirbt am Kreuz, steht drei Tage später auf, weilt noch rund 40 Tage auf der Erde und fährt dann auf in den Himmel.

Es ist sehr außergewöhnlich, dass jemand vom Tod *aufersteht.* Wenn Sie in der Bibel lesen, dass Jesus nach drei Tagen von den Toten wieder auferstanden ist, dann finden Sie das sicherlich wie ich sehr außergewöhnlich, oder nicht? Aber aus christlichem Verständnis ist der *Tod* von Jesus auch schon etwas äußerst Besonderes. Ja, Einmaliges.

Durch seinen Tod am Kreuz hat Jesus nach eigenem und biblischem Verständnis alle Schuld getilgt. Die Sünde besiegt.

Alles bereinigt, was zwischen Gott und Mensch stand. Den Bruch heilen lassen.

Das ist die *Grundzusage* der Bibel.

Der Kampf ist gekämpft.

Das Spiel ist gewonnen.

Die Sünde hat verloren.

Jesus Christus hat sie besiegt.

Am Kreuz. Mit seinem Tod.

Es ist aus christlicher und biblischer Sicht unbestreitbar, dass Jesus Christus am Kreuz das Entscheidende ist. Durch den Tod von Jesus Christus am Kreuz hat Gott die Welt mit sich versöhnt.

Deswegen haben wir Christen das Kreuz als Symbol. Weil das Kreuz für das Entscheidende steht. Für das, was alles verändert hat.

Also: Die *große Geschichte* beginnt mit Gott, der die Menschen sehr gut schafft. Und sie haben Gemeinschaft mit ihm. Doch dann tritt die Sünde zwischen Gott und Mensch. Es herrscht keine Gemeinschaft mehr. Der Mensch kann als *sündiger* Mensch mit Gott keine Gemeinschaft mehr haben.

Die *große Geschichte* geht dann weiter mit dem Gesetz und der Frage: Wie können wir als *sündige* Menschen trotzdem vor diesem Gott bestehen? Wie können wir wieder in Gemeinschaft leben? Wie können wir gerecht vor ihm werden?

Gerettet werden? Wie schaffen wir es, die Ewigkeit *mit* Gott und nicht ohne ihn zu verbringen? An welche Gebote, Gesetze und Vorschriften müssen wir uns halten, damit wir vor Gott wieder gut dastehen? Was können wir tun, damit wir wieder in Gemeinschaft mit diesem Gott leben können?

Die Antwort ist äußerst kurz:

Nichts.

Wir können nichts tun.

Martin Luther nannte es *sola gratia*. Allein die Gnade. Allein das Handeln Gottes rettet. Allein das Handeln Gottes versöhnt. Allein das Handeln Gottes heilt den Bruch. Überbrückt den Graben. Besiegt die Sünde.

Allein das Handeln Gottes.

Das ist die *frohe Botschaft!* Die *gute Nachricht:*

Es *ist* alles getan!

Du *bist* versöhnt!

Du *bist* gerettet!

Nach dem Johannes Evangelium sind die letzten Worte von Jesus: „Es ist alles vollendet"[60]. Ein kurzer Ausflug zu diesem Satz: Das Neue Testament ist ursprünglich auf Alt-Griechisch verfasst worden und im Griechischen steht in diesem letzten Satz von Jesus das Wort τετελεσται (tetelestai). Interessanterweise hat man vor einigen Jahren bei archäologischen Ausgrabungen sehr viele Dokumente gefunden auf denen dieses

Wort einmal quer über die gesamte Seite geschrieben war. τετελεσται. Erraten Sie, was das für Dokumente waren?

Steuerschuldscheine.

Menschen hatten Schulden.

Und diejenigen, die ihre Schulden bezahlt hatten, bekamen ein großes τετελεσται.

Es ist alles vollständig bezahlt.

Jesus hängt am Kreuz und das Letzte, was er sagt ist: Es ist alles vollständig bezahlt. Dann sackt sein Kopf herunter und er stirbt.

Es ist vollbracht.

Es ist vollendet.

Die Sünde *ist* besiegt.

Du *bist* versöhnt!

Du *bist* gerettet!

Und warum? Weil Gott in Jesus Christus am Kreuz aus Liebe zu dir gehandelt hat.

Das ist die Zusage. Das ist die frohe Botschaft.

Wie können *wir* es schaffen, wieder in Gemeinschaft mit diesem Gott zu leben?

Wir können es nicht.

Aber Gott kann. *Yes He Can!*

Soweit. So gut?

Doch dann schlage ich die Bibel auf und lese plötzlich (und Sie vielleicht ja auch schon das eine oder andere Mal): Jeder der *glaubt*, erhält das ewige Leben.[61] Wer aber nicht *glaubt*, ist schon verurteilt.[62] Auch Paulus schreibt an die Gemeinde in Rom: Wir sind auf Grund des *Glaubens* gerecht.[63] Wir können nur auf Grund des Glaubens vor Gott bestehen, wieder Gemeinschaft mit ihm haben, den Bruch, die Sünde, das was zwischen Gott und Mensch steht, überwinden.

Also wie jetzt? Hat Jesus Christus nun die Welt wieder mit Gott versöhnt? Aber was hat der Glaube dann auf einmal damit zu tun? Und überhaupt: Was ist das: „Glaube"?

Kurz und knapp: Glaube ist Vertrauen.

Glaube ist das Vertrauen, dass Gottes Handeln reicht.

Glaube ist das Vertrauen auf die Zusage Gottes.

Glaube ist mein Vertrauen auf die Zusage Gottes in Form von Jesus Christus am Kreuz: Es ist schon alles getan. Du *bist* gerettet. Du *bist* versöhnt.

Regt sich in Ihnen Widerspruch? Spüren Sie eine Spannung? Wenn ja, dann haben Sie Recht. Ja, da ist eine Spannung. Ja, da ist ein gewisser Widerspruch. Diese Spannung finden wir in der Bibel und auch in der Geschichte der Theologie, z. B. bei Martin Luther. Er sagte einerseits (wie bereits gelesen): *sola gratia* – allein die Gnade. Allein das Handeln Gottes ist entscheidend. Gleichzeitig sagte er aber auch: *sola fide* – allein der Glaube. Nur durch den Glauben bist du gerettet.

Es gilt also einerseits: Wir können nichts tun. Allein das Handeln Gottes ist mit Blick auf den Bruch, die Sünde, den Graben entscheidend. Gottes Handeln heilt, rettet, besiegt.

Andererseits gilt: Und doch sind wir aufgerufen zu glauben. Nichts tun, aber glauben?

Ich spüre da einen Widerspruch. Eine Spannung. Also habe ich versucht, eine Erklärung zu finden. Und ich hoffe, dass auch Ihnen meine Beispiele helfen, um zu verstehen, dass mit Blick auf die *Rettung* schon alles getan ist und wir doch noch glauben müssen.

Zunächst verstand ich, was Paulus in seinem Brief an die Gemeinde in Rom schreibt: Kein Mensch gilt vor Gott als gerecht, weil er das Gesetz befolgt.[64] Wenn ich also „etwas tun" mit „Gesetz befolgen" gleichsetze, dann schreibt Paulus hier: Der Mensch hat keine Möglichkeit *durch das Befolgen von Gesetzen, Geboten und Vorschriften* mit diesem Gott wieder Gemeinschaft zu haben. Der Bruch ist zu groß. Wenn „etwas tun" bedeutet, die Gesetze zu befolgen, dann gilt: Nein, ich kann und muss nichts tun.

Ich habe keine Möglichkeit aus *eigenem* Wirken mit diesem Gott wieder Gemeinschaft zu haben. Wenn ich etwas tue, dann werde *ich* aktiv. *Mein* Handeln bewirkt etwas. Ich kann aber gerade nichts für meine Rettung oder Versöhnung *tun*. Ich kann mit meinem Handeln nichts bewirken.

Ich kann nur vertrauen. Und wenn ich vertraue, dann handle ich nicht *wirklich* selbst. Sondern ich vertraue einer anderen Person oder auf die Handlung eines anderen.

Wenn ich bergsteigen gehe und mich vor einem tödlichen Sturz in die Tiefe absichern möchte, dann vertraue ich dem Karabiner-Haken und dem Seil. Ich vertraue darauf, dass beide halten. Dass beide gut hergestellt wurden. Im Falle eines Falles kann ich mich nicht selbst retten. Ich kann nur noch in die Eigenschaften der Dinge vertrauen, die mir zusagen, dass sie mich retten.

Wenn ich die Eisfläche eines zugefrorenen Sees betrete, dann kann ich mich nicht selbst tragen. Das Eis muss mich tragen. Ich kann nur vertrauen und hoffen, dass das Eis dick genug ist. Mein Vertrauen verändert nichts an der Dicke der Eisfläche.

Die Zusage der Bibel ist: Das Eis *ist* dick genug. Das Seil und der Karabinerhaken *sind* beide stabil genug.

Und unser Glaube ist einzig und allein das Vertrauen darauf. Entscheidend ist aber nicht unser Glaube, sondern dass das, woran wir glauben, auch hält, was es verspricht. Entscheidend ist, dass der Gegenstand unseres Glaubens hält, was über ihn gesagt wird.

Ein erklärendes Beispiel des von mir sehr gern gehörten Predigers Tim Keller gefällt mir besonders gut: Stellen Sie sich vor, dass ich (warum auch immer…) von einem Löwen verfolgt werde und plötzlich komme ich an einen Abgrund. Vor mir die Tiefe, hinter mir der Löwe. Wenn ich nicht springe, dann wird der Löwe mich fressen. Da sehe ich zwei Äste etwas unterhalb der Klippe. Dort könnte ich hinspringen und mich festhalten. Aber werden die Äste halten? Welcher Ast wird mich halten? Ich springe.

Nimmt die Geschichte ein gutes Ende? Das hängt einzig und allein an der Stärke des Astes. Ich kann so fest ich will daran glauben, dass der Ast hält und ich kann noch so überzeugt sein, dass er stabil genug ist. Entscheidend ist die Stärke des Astes. Andersherum gilt aber eben auch: Ich kann mit dem größten Zweifel und dem kleinsten Glauben an den richtigen Ast springen. Und er wird halten!

Genauso ist es letztlich auch mit dem Glauben und Jesus Christus. Entscheidend ist, dass das, woran ich glaube, hält. Wenn ich kurz bevor der Löwe mich erreicht springe, dann kann ich nur noch hoffen, dass ich den richtigen Ast erwische.

Um im Bild zu bleiben: Jesus Christus ist ein großer Ast, der beschriftet ist mit: „Ich bin der richtige Ast. Ich werde halten. Ich werde dich retten!" Mein Glaube ist einzig und allein mein Vertrauen auf diese Zusage Gottes.

Verstehen Sie den Unterschied, der mir mit Blick auf den Glauben wichtig geworden ist?

Wenn Sie so wollen: Ja, wir müssen etwas tun. Nämlich glauben. Aber dieser Glaube ist letztlich nur ein Vertrauen.

Glaube ist mein Vertrauen auf Gott. Glaube ist mein Vertrauen, auf das, was Gott *getan hat*, nicht nur darauf, dass er existiert.

Und vor allem: Glaube ist nicht *mein* Handeln. Mein Tun. Meine Aktion.

Glaube ist mein Vertrauen auf Gottes Handeln. Gottes Tun. Gottes Aktion.

Dieser Graben der großen Geschichte der Bibel, er wird nicht durch mich oder Sie überwunden. Wir können das nicht.

Ich stehe am Abgrund und das einzige was mich retten kann ist ein Ast. Ein Ast, auf dem in dicken Buchstaben steht: „Ich rette dich".

Die Bibel spricht nicht von einem Löwen und einem Abgrund. Sie spricht von einem Graben, sie nennt es Sünde, oder auch Trennung. Und diese Graben, diese Sünde, diese Trennung, sie wird allein von Gott in Form von Jesus Christus am Kreuz überwunden.

Jesus Christus am Kreuz ist das Entscheidende.

Am Kreuz hat Gott die Welt mit sich versöhnt.

Mit Blick auf die *große Geschichte* gilt: Es liegt nicht in *meiner Hand*, ob ich gerecht vor Gott bin. Versöhnt bin, gerettet bin oder wie auch immer Sie es nennen mögen.

Ich kann nicht auf einmal vor dem Löwen davon fliegen. Ich kann den Löwen auch nicht in einem Duell besiegen. Die

Sünde, der Graben, alles, was zwischen Gott und Mensch lag, das ist allein durch Jesus Christus am Kreuz beseitigt (Martin Luther nannte das dann übrigens *solus christus*) und kann durch keine eigenen Taten von mir ersetzt werden. Nichts was ich tun könnte, würde ausreichen.

Genau das beschreibt niemand besser als Paulus in seinem Brief an die Gemeinde in Rom: Der Mensch kann nur durch seinen Glauben als gerecht gelten. Es hilft ihm nichts, wenn er das Gesetz und die Gebote versucht zu halten.[65] Also Paulus sagt: Wir können nur gerettet werden, wenn wir auf das vertrauen, was Gott getan hat. Das Befolgen von Gesetzen und Geboten hilft überhaupt nichts.

Und damit sind wir nun zurück bei der Liebe. Zurück bei dem eigentlichen, dem wichtigen Punkt: Dem Unterschied zwischen Glaube und Liebe. Dem Unterschied zwischen dem was rettet und dem was nicht rettet.

Sie haben mit mir auf unserer Reise bereits erfahren, dass die Liebe die Erfüllung aller Gesetze und Gebote ist. Und das einzige neue Gebot, das Jesus seinen Jüngern mit gibt, ist das der gegenseitigen Liebe.

Und eben haben wir dann noch bei Paulus gelesen, dass wir nur gerettet werden können, wenn wir auf das vertrauen, was Gott getan hat. Er sagt also: Unsere Rettung hat etwas mit unserem Glauben zu tun.

Jetzt kommt der Knackpunkt: Wenn Paulus aber schreibt, dass das Befolgen von Gesetzen und Geboten überhaupt nichts mit Blick auf die Rettung hilft, dann sagt er damit gleichzeitig: Die Liebe hilft überhaupt nichts mit Blick auf die Rettung.

Warum? Weil die Liebe die Erfüllung aller Gesetze ist! Die einfache Rechnung ist doch:

Liebe = alle Gebote und Gesetze.

Und Paulus macht gerade deutlich, dass keines der Gebote und Gesetze jemanden *retten* kann.

Die Liebe hatte also den gleichen Rang wie alle Gesetze und Gebote: Mit Blick auf die Sünde, die Trennung, den Graben bewirkt sie überhaupt nichts.

Nichts.

Die Liebe ist kein Weg zum *Heil*. Kein Weg zur *Gerechtigkeit* vor Gott. Es ist keine *Freikarte* in den Himmel. Die Liebe rettet mich nicht vor dem heranrasenden Löwen.

Glaube und Liebe unterscheiden sich somit deutlich voneinander. Wie kann ich sie am besten unterscheiden? Johannes versucht es mit: Gott hat uns das Gebot gegeben, an seinen Sohn zu glauben. Jesus hat uns das Gebot gegeben, einander zu lieben.[66]

Gott hat uns das Gebot gegeben, an seinen Sohn zu glauben.

Dieser Satz gilt dann wohl für alles, was das *Heil* betrifft. Die Ewigkeit. Die Rettung. Das *Jenseits*.

Jesus hat uns das Gebot gegeben, einander zu lieben.

Dieser Satz hat dann wohl keine Auswirkungen auf unser Heil. Die Ewigkeit. Die Rettung. Das Liebes-Gebot bezieht sich auf unser Leben im hier und jetzt. Auf das *Diesseits*.

Noch deutlicher wird es im ersten Brief an die Gemeinde in Thessaloniki:[67] Wenn Glaube in die Tat umgesetzt wird, dann bedeutet es, dass das eigene Wirken von der Liebe bestimmt ist.

Liebe ist Glaube in die Tat umgesetzt.

Aber Liebe kann nicht den Glauben ersetzen.

Daher gilt alles, was ich noch über praktische Konsequenzen aus der in diesem Buch dargestellten zentralen Stellung der Liebe schreibe immer unter einem wichtigen Vorbehalt: Es darf nur als zweiter Schritt verstanden werden.

Liebe ist Glaube in die Tat umgesetzt.

Liebe ist die Folge.

Aber Liebe macht mich nicht gerecht.

Liebe rettet mich nicht.

Liebe versöhnt mich nicht.

Auch wenn Liebe das Grundprinzip des Christentums ist. Auch wenn Gottes Wesen maßgeblich von der Liebe bestimmt ist. Und auch wenn Gottes Wille und alle Gesetze und Gebote mit der Liebe erfüllt werden – die Liebe macht nicht gerecht. Sie rettet nicht. Sie schafft die Sünde nicht aus der Welt. Sie besiegt den Löwen nicht.

Wobei, ich muss es anders formulieren: *Meine* Liebe macht mich nicht gerecht. *Meine* Liebe rettet mich nicht. *Meine* Liebe schafft die Sünde nicht aus der Welt.

Es ist *Gottes* Liebe, die all das tut.

Entscheidend ist Gottes Liebe. Entscheidend ist, was Gott tut. Entscheidend ist Gottes Handeln.

Und Gott hat schon längst gehandelt. Er hat schon alles getan. Er hat die Welt versöhnt. Dazu können wir nichts beitragen. Wir können nichts tun, dass diesen Graben zwischen Gott und Mensch überwindet.

Wir können nur vertrauen. Vertrauen, dass Gott auch mich versöhnt hat. Dass Gott auch mich rettet. Dass der Karabinerhaken und das Seil halten, wenn ich falle. Dass das Eis hält, wenn ich auf ihm gehe. Dass der Ast stark genug ist.

Meine Liebe rettet mich nicht.

Gottes Liebe rettet.

Mit Blick auf die große Geschichte der Bibel, mit Blick auf die *Rettung*, auf die Ewigkeit, das Heil, die *Versöhnung* gilt: Meine Liebe hat keinerlei Auswirkungen darauf.

Meine Liebe rettet nicht.

Gottes Liebe rettet.

Aber weil Gott liebt, weil Gott ein liebender Gott ist, weil Jesus Christus sein Liebesbeweis am Kreuz ist, weil Jesus gesamte Lehre die Liebe ist und das Gesetz und die Gebote durch die Liebe erfüllt werden, weil Jesus nur ein einziges neues Gebot gegeben hat – zu lieben – *darum*, aber wirklich auch nur darum haben wir als Kirche, als Christentum und als Theologie die Aufgabe, zu überlegen, wie es aussehen würde, wenn auch wir uns von der Liebe prägen und leiten lassen würden.

Und so hoffe ich, dass Sie noch Kraft für die letzten drei Etappen unserer Reise haben. Für das eigentliche Ziel der Reise.

Für eine Christentum, das seinem Namen gerecht wird.

Für eine Kirche, die ihre Aufgabe entdeckt.

Für eine Theologie, die ihre Grundlage versteht.

PARADIESBÄUME

Haben Sie sich schon mal gefragt, was es eigentlich heißt ein Christ zu sein? Was es heißt Jesus nachzufolgen?

Oder: Wurden Sie das vielleicht schon mal gefragt?

Haben Sie zu diesem Thema schon Predigten gehört?

Ich habe bislang zwei Extreme kennengelernt. Auf der einen Seite steht das übertrieben leichte Christentum. Wie häufig habe ich schon gehört, dass es so *leicht* ist, Christ zu werden? Du musst nur „Ja" sagen. Dich entscheiden. Zum Kreuz kommen. Dein Leben Jesus übergeben und schon bist du Christ. Setzen Sie die Ihnen bekannten Floskeln ein.

Auf der anderen Seite steht ein übertrieben forderndes „Jünger-Sein". Da werden die biblischen Geschichten eins zu eins auf uns übertragen: Jesus ruft seine zwölf Jünger in die Nachfolge. Sie verlassen alles und folgen ihm nach. Sie verlassen *alles* und folgen ihm *bedingungslos* nach. So manche Prediger stellen dann gerne freundliche Fragen wie: Folgen wir Jesus auch so kompromisslos? Leben wir wirklich Nachfolge, wie Jesus Sie gelehrt hat?

Ich halte beide Wege einzeln betrachtet für falsch, denn:

Liebe ist das *Grundprinzip* des Christentums. Liebe bestimmt das *Wesen* Gottes maßgeblich. Jesus ist der *Liebesbeweis* Gottes. Jesus sagt, dass alle *Gebote* Gottes, das gesamte *Gesetz* und der *Wille* Gottes mit der Liebe erfüllt sind. Liebe hoch Drei. Und das dann auch noch mal zwei. Nicht nur Gebote, Gesetz und Wille sind durch die Liebe erfüllt, sondern es gilt vor allem für diese Liebe, dass sie aus drei Arten besteht: Liebe zu Gott, Liebe zu sich und Liebe zu den Mitmenschen.

Was sind Christen (oder Jünger, Nachfolger, wie auch immer Sie es nennen mögen) also zuallererst?

Christen sind Menschen, die in *liebevoller Beziehung* zu Gott, zu sich und zu ihren Mitmenschen leben.

Ich gebe euch ein neues Gebot: Liebt einander! Genauso wie ich euch geliebt habe, sollt ihr einander lieb haben. Daran werden alle erkennen, dass ihr meine Jünger seid.

Christen sind Menschen, die man an ihrer Liebe erkennt.

Christen sind Menschen, die so lieben wie Jesus geliebt hat.

Vielleicht ist Christ-*Werden* leicht. Christ-*Sein* aber definitiv nicht. Oder würden Sie behaupten, dass es leicht ist so zu lieben wie Jesus geliebt hat?

Auch Jesus hat nie behauptet, dass es *leicht* wäre ihm nachzufolgen. Ganz im Gegenteil: Er kündigt seinen Nachfolgern sogar Verfolgungen an,[68] erzählt, dass Familien auseinanderbrechen können[69] und dass Christ-Sein bedeutet den schmalen und engen Weg zu gehen, nicht den breiten und leichten.[70]

Also warum erzählen wir den Menschen, wenn Sie in unsere Kirchen kommen, dass es *leicht* ist, Christ zu sein? Das einzige was wir damit tun, ist ihnen ein falsches Bild der Realität aufzuzeigen. Wir *ködern* und versuchen etwas anzupreisen, was sich später dann als gar nicht so leicht herausstellt, wie es beworben wurde.

Christen sind Menschen, die in *liebevoller Beziehung* zu Gott, zu sich und zu ihren Mitmenschen leben.

Ich gebe euch ein neues Gebot: Liebt einander! Genauso wie ich euch geliebt habe, sollt ihr einander lieb haben. Daran werden alle erkennen, dass ihr meine Jünger seid.

Christen sind Menschen, die man an ihrer Liebe erkennt.

Christen sind Menschen, die so lieben wie Jesus geliebt hat.

Und wer das *leicht* findet, der hat noch nicht verstanden, wie umfangreich und umfassend Jesus geliebt hat.

Daher glaube ich, dass es eine unvollständige Beschreibung ist, wenn wir das Christ-Sein als eine *leichte* Aufgabe beschreiben. Für genauso unvollständig halte ich aber das Gegenstück: Christ-Sein wird gleichgesetzt mit der Art von Nachfolge, die die zwölf engsten Jünger von Jesus ausübten. Jesus hat nicht jeden in diese *krasse* Nachfolge berufen. Es waren zwölf ausgewählte Jünger!

Zwölf Jünger, die alles haben stehen und liegen lassen und ihm nachgefolgt sind.

Der Großteil aller Nachfolger im Neuen Testament, der Großteil der „Christen" im Neuen Testament wurde von Jesus aber anders behandelt bzw. wurde nicht in diese Art der Nachfolge gerufen.

Im Markus-Evangelium lesen wir von einem Mann, der von Jesus geheilt wurde. Was sagt Jesus diesem Mann anschließend? Geh nach Hause. Geh zu deiner Familie und erzähle ihnen, was Gott für dich getan hat.[71] Was ist mit den tausenden Menschen die Jesus mit ein paar Broten und Fischen satt gemacht hat? Er schickt sie wieder nach Hause.[72] Was ist ganz allgemein mit all den Menschen, die Jesus heilte?[73] Was ist mit der bekannten Geschichte des Mannes, der durch ein Dach zu Jesus heruntergelassen wurde, damit er ihn heilen konnte? Jesus sagt: Steh auf, nimm deine Decke und geh. Deine Schuld ist dir vergeben.[74] Im Lukas-Evangelium wird von wohlhabenden Frauen berichtet, die Jesus und seine Jünger begleitet und unterstützt haben.[75] Gerade mit ihrem Geld. Sie haben nicht alles stehen und liegen lassen. Und diese Liste an Beispielen für eine weniger radikale Nachfolge könnte noch seitenweise weitergeführt werden.

Wenn es für Jesus ganz offensichtlich nicht nur die Art und Weise der Nachfolge seiner zwölf Jünger gab – warum nehmen sich so manche Prediger dann heute das Recht heraus, an jeden einzelnen Besucher ihrer Gottesdienste nur die Botschaft der *radikalen* Nachfolge zu richten?

Nachfolge in der Bibel, Christ-Sein in der Bibel ist vielfältig. Sie ist manchmal unheimlich radikal[76] und manchmal deutlich subtiler, als uns heute vielleicht bekannt ist.[77]

Was die Nachfolge aber eint und verbindet ist die Liebe.

Wie wäre es also, wenn wir uns auch darauf einigen würden, dass *Liebe das Grundprinzip des Christ-Seins* ist?

Wie wäre es, damit aufzuhören, Christ-Sein als *leicht* zu beschreiben, denn das ist es nicht? Und genauso aufzuhören, eine falsche Verallgemeinerung aus der Nachfolge der zwölf Jünger zu ziehen und auf jeden einzelnen heutigen Christen zu übertragen?

Wie wäre es, damit anzufangen, Christen als Menschen zu bezeichnen, die in liebevoller Beziehung leben? Zu sich, zu ihren Mitmenschen und zu Gott. Und zwar in dieser Gesamtheit. Wer nur sich liebt, der ist selbstverliebt. Wer nur die Mitmenschen liebt, der vergisst, dass er einen eigenen Wert hat und woher diese Liebe kommt. Und wer nur Gott liebt, der wird lieblos in seinem Umgang mit Mitmenschen und sich selbst.

Die Liebe, die das *Grundprinzip des Christentums* ist, umfasst alle drei Arten der Liebe. Liebe zu Gott, Liebe zu den Mitmenschen, Liebe zu sich selbst.

Christ-Sein heißt: Ich empfinde Liebe zu mir, zu meinen Mitmenschen und zu Gott.

Und zu diesem *liebenden* Verständnis von Christ-Sein gehört auch unbedingt die Erkenntnis: Christ-Sein ist nicht *leicht*.

Christ-Sein ist nicht *leicht*.

Manchmal sogar ganz schön schwer.

Aber:

Christ-Sein ist an sich ziemlich *einfach*.

Es ist nicht kompliziert.

Also: Manche Dinge sind völlig unkompliziert in ihrem Ablauf, aber trotzdem sehr schwer. Wenn ich Sie bitten würde, einen Sack Zement aus dem Auto vor dem Haus in mein Zimmer in der vierten Etage zu tragen (was auch immer ich dort mit dem Sack Zement anfangen sollte) – wäre diese Aufgabe kompliziert? Nein, die Aufgabe an sich ist einfach. Simpel.

Und trotzdem kann die Ausführung (je nach Ihrer Kraft und Kondition) ganz schön schwer sein. Alles andere als leicht.

Wenn Ihnen dieses Beispiel einleuchtet, dann verstehen Sie auch, warum Christ-Sein einfach, aber nicht immer leicht ist.

Christ-Sein ist nicht kompliziert, sondern sehr einfach. Aber trotzdem ist es häufig ziemlich schwer und nicht gerade leicht ein Christ zu sein.

Wenn ich also beispielhaft nur die Eigenschaften und Beschreibungen der Liebe nehme, die ich auf meiner Reise durch die Bibel gefunden hatte – was würde das für ein

Christentum ergeben? Was würde das für Christen ergeben? Wie würde dann Christ-Sein aussehen?

Christ-Sein heißt, dass ich der *einfachen* aber nicht *leichten* Forderung von Jesus nachkomme, zu lieben.

Christ-Sein könnte also heißen: Ich bin *geduldig*. Im Umgang mit meinen Mitmenschen versuche ich geduldig mit ihnen umzugehen. Ich bin *gütig*. Auch wenn ich Recht habe oder jemand mir eigentlich noch etwas schuldet. Ich *prahle* nicht. Auch wenn ich eine Sache gut kann oder in etwas großen Erfolg habe. Ich bleibe *demütig*. Stelle mich nicht über andere und *spiele* mich auch nicht *auf*. Genauso bin ich nicht *taktlos* und verletze somit keine Menschen. In meinem Beruf, meiner Ausbildung, meiner Rente – wo auch immer ich gerade bin – *suche* ich nicht nach meinem *eigenen Vorteil*, sondern denke an meine Mitmenschen. Ich lasse mich nicht *reizen*. Weder von langen Warteschlangen noch von langsam arbeitenden Menschen. So vermeide ich Unmut, Streit und vielleicht noch einiges mehr. Ich *trage* das Böse *nicht nach*. Sogar gegenteilig: Ich *vergelte* Böses mit Guten! Damit kann ich so manche Negativ-Spirale einfach beenden. Ich freue mich nicht, wenn *Unrecht* geschieht, sondern wenn die *Wahrheit* siegt. Mein Ziel ist es, dass die Wahrheit ans Licht kommt. Ich bin gegen Vertuschung und Korruption. Gegen Ungerechtigkeit auf dieser Welt. Ich weiß den Wert eines jeden Menschen zu *schätzen*. Wenn mir jemand untergeben ist, behandle ich ihn trotzdem voller Respekt. Ich bin *hilfsbereit*. Ich schaue nicht weg. Ich sehe, dass Menschen in meiner

Umgebung manchmal Hilfe benötigen und stehe dann gerne zur Seite. Ich bin *gastfreundlich* und nehme Menschen bei mir zuhause auf. Für ein Gespräch, ein Essen oder auch mal für eine Nacht. Auch wenn mir manchmal danach ist: Ich *übe* keine *Rache*. Ja, ich *vergebe* sogar denjenigen, die mir Schlechtes getan haben. Wenn jemand Glück hat, einen guten Arbeitsplatz bekommt, eine Gehaltserhöhung oder was auch immer: Ich freue mich mit dieser Person und werde nicht *neidisch*. Aber wenn es jemandem schlecht geht, dann *weine* ich *mit*. Und nehme mir die Zeit für diese Person. Ich bin auf *Einigkeit* aus. In jeglicher Hinsicht. Ich suche die gemeinsame Lösung. Den *Frieden*. Ja, ich suche den Frieden. In meiner Nachbarschaft, auf meiner Arbeit und in dieser Welt. Doch ich werde nicht *überheblich* oder baue auf meine eigene Klugheit. Ich *erbarme* mich. Ich zeige Barmherzigkeit mit den Armen und Schwachen in meiner Umgebung und in dieser Welt. Ich *ertrage* andere Menschen und schlechte Zeiten, ich *halte zusammen* mit meiner Familie, meinen Freunden und denke nicht nur an mich. Ich werde *aktiv*. Ich setze mich bewusst gegen Unrecht ein. Ich rede nicht nur, ich handle. Ich *baue* andere *auf*, wenn es ihnen nicht gut geht und *stärke* damit den gemeinschaftlichen Halt. Ich *achte* wirklich alle Menschen. Sogar den Bettler an der Straßenecke. Deswegen werfe ich ihm nicht nur ein paar Cent hin, sondern unterhalte mich z. B. ab und zu mit ihm bei einem Kaffee, den ich ihm ausgegeben habe. Ich *ermutige*, wenn ich sehe, dass jemand keine Kraft mehr hat. Und ich tue selbst denen Gutes, die es meiner Meinung nach eigentlich *nicht verdient* haben.

An sich ist das alles sehr *einfach* und überhaupt nicht kompliziert, oder?

Aber natürlich: Es wird nicht *leicht* sein. Ganz im Gegenteil. Um ehrlich zu sein: Vieles ist vielleicht im Alltag und in der Praxis sogar unmöglich.

Es ist nicht *leicht* Christ zu sein.

Es ist nicht *leicht* so zu lieben wie Jesus geliebt hat.

Aber an sich ist es sehr *einfach* Christ zu sein.

Ein Leben führen, das von der Liebe geprägt ist.

Zu mir selbst. Zu meinen Mitmenschen. Und zu Gott.

WDLROF.

What Does Love Require Of Me? Was verlangt die Liebe von mir?

Genau jetzt. In diesem Moment. In dieser Situation?

Es ist nicht *leicht* Christ zu sein.

Es ist nicht *leicht* so zu lieben wie Jesus geliebt hat.

Aber an sich ist es sehr *einfach*.

Jesus erklärt seinen Jüngern einmal das Reich Gottes mit einem Beispiel. Er sagt: Das Reich Gottes beginnt sehr, sehr klein. Wie der Same eines Baumes. Und es braucht Zeit und Geduld, aber am Ende entsteht daraus etwas sehr Großes.[78]

Was wäre das für eine Welt, wenn wir als Christen im Kleinen anfangen würden, das Reich Gottes zu säen?

In unserem eigenen Leben.

Was wäre das für ein Christentum, wenn wir als Christen im Kleinen anfangen würden zu lieben?

Es wäre mit Sicherheit nicht immer *leicht*.

Aber eigentlich ganz schön *einfach*.

Und aus den kleinen Samen, die wir säen können, würden eines Tages vielleicht große Bäume werden.

Bäume aus dem Paradies.

Paradiesbäume.

Mitten unter uns.

Vielleicht würde ein Stück vom Paradies in unsere Welt einziehen, wenn wir als Christen in unserem ganz persönlichen Leben anfangen würden, das Reich Gottes zu säen.

Kleine Samen aus dem Paradies, die eines Tages zu großen Bäumen heranwachsen. Zu Paradiesbäumen.

Mitten unter uns.

LIEBESNESTER

Nur nochmal zur Erinnerung: Die Liebe, die das *Grundprinzip des Christentums* ist, umfasst drei Arten der Liebe. Liebe zu Gott, Liebe zu den Mitmenschen, Liebe zu sich selbst.

Ich habe Gemeinden kennengelernt, die *Gott* sehr geliebt haben. Unglaublich tiefgehende Lobpreis-Gottesdienste. Doch manchmal fragte ich mich: Und wo ist die Liebe zu den Mitmenschen?

Ich habe Gemeinden kennengelernt, die ihre *Mitmenschen* sehr geliebt haben. Eine beeindruckende und funktionierende diakonische Arbeit. Doch manchmal fragte ich mich: Und wo ist die Liebe zu Gott?

Ich habe Gemeinden kennengelernt, die *sich selbst* sehr geliebt haben. Was für eine Gemeinschaft. Was für ein Zusammenhalt. Doch manchmal stellte ich fest: Es ist gar nicht so leicht Teil dieser Gemeinde zu werden, wenn man noch nicht dazu gehört. Wo war die Liebe zu den Mitmenschen? Und noch schlimmer: Manchmal hatte ich den Eindruck, dass in der Gemeinde nicht Gott, sondern die Gemeinde selbst gefeiert wurde.

Kirche. Was wäre, wenn du Liebe in ihrer Gesamtheit als deine Aufgabe entdecken würdest?

Ich glaube, dass viele Kirchen *eine* Art der Liebe schon als ihre Aufgabe entdeckt haben. Aber nur wenige die Liebe, von der Jesus spricht: Liebe zu Gott, Liebe zu den Mitmenschen, Liebe zu sich selbst.

Kirche. Was wäre, wenn du *alle drei Arten* der Liebe als deine Aufgabe entdecken würdest?

Eine Kirche, die ihre Mitmenschen liebt. Können wir als Kirche jemals *zu* diakonisch sein? Können wir als Kirche jemals *zu viel* für unsere Mitmenschen tun? Eine Kirche der Liebe kann doch gar nicht nah genug bei den Menschen sein. Und doch: Bleibt sie dort stehen, so fehlen ihr zwei Arten der Liebe, von der Jesus sprach.

Also: Eine Kirche, die ihre Mitmenschen und Gott liebt. Eine Kirche, die Gottesdienste feiert, in denen es *wirklich* um Gott geht. In denen Menschen Dinge mit Gott *erleben*. In denen Menschen Gott ganz neu und immer wieder *begegnen* können. Eine Kirche der Liebe kann doch gar nicht nah genug bei den Menschen *und* bei Gott sein. Und doch: Bleibt sie dort stehen, so fehlt ihr immer noch eine Art der Liebe, von der Jesus sprach.

Eine Kirche der Liebe liebt Gott, ihre Mitmenschen und sich selbst. Sie hat nicht nur eine großartige soziale Arbeit, tiefgehende Gottesdienste, sondern auch eine intensive Gemeinschaft. Kirche darf wissen, was ihre Stärken sind und selbstbewusst zu ihren Schwächen stehen. Kirche, du darfst auch dich selbst lieben.

Paulus hat der Gemeinde in Korinth sehr klare Worte geschrieben: Alles, was die Gemeinde macht, soll durch Liebe geprägt sein.[79]

Alles, was die Gemeinde macht.

Jegliche Tätigkeit.

Arbeitskreise, Gemeindebriefe, Essensausgabe, Küsterdienst, Musik, Kirchenkaffee, Putzdienste und was auch immer auf dem Programm der Gemeinde steht.

Alles was die Gemeinde macht, soll durch die Liebe geprägt sein. Also, liebe Pastoren und Pastorinnen, auch der Gottesdienst und die Verkündigung! Der Gemeinde in Philippi macht Paulus deutlich, dass sie die frohe Botschaft „mit Liebe" verkündigen sollen.

Seien Sie ehrlich: Was erleben Sie immer wieder für Predigten und Gottesdienste?

Ich habe schon zu viele *lieblos* vorbereitete Predigten gehört. Ich habe zu viele *lieblose* Predigten über mich ergehen lassen müssen. Ich saß schon zu häufig in einfach *lieblos* gestalteten Gottesdiensten.

Es ist die Liebe, die Gott zu den Menschen treibt. Gott sehnt sich voller Liebe nach den Menschen. Wieso gestalten wir

Kirche dann zu häufig so lieblos? Es ist nicht liebevoll, Menschen zum Glauben zu drängen. Es ist aber auch nicht liebevoll, Menschen grundsätzlich nicht einzuladen.

Liebe ist nicht professionell. Liebe benötigt keine Show und keine vollen Gottesdienste. Liebe benötigt Hingabe und Freude.

Liebe ist ein von Herzen freundliches Lächeln am Eingang. Liebe ist ein Pastor, bei dem ich die Freude darüber spüre, dass ich heute da bin. Liebe ist eine Gemeinde, die mich nicht vorwurfsvoll anschaut, weil mir das Liederbuch während des Gebets heruntergefallen ist. Liebe ist, wenn ich nicht ohne ein Wort gesprochen zu haben nach einem Gottesdienst wieder nach Hause gehe.

Liebe ist, wie wir als Kirche mit Menschen umgehen. Mit den Menschen, die zum ersten Mal bei uns sind. Mit den Menschen, die schon „immer" dazugehören. Mit langjährigen Mitarbeitern und mit Neulingen, die noch vieles (vermeintlich) falsch oder vielleicht einfach nur anders machen.

Liebe ist, wie wir als Kirche mit Menschen umgehen. Liebe ist, wie in unseren Kirchen gepredigt wird und welche Meinung wir von Randgruppen, Minderheiten und Außenseitern haben.

Machen Sie den Test: Wie geht Ihre Kirche z. B. mit Neonazis um?

Natürlich muss das Gedankengut verurteilt werden. Aber ist es ein liebevoller Umgang, wenn wir den Mensch Neonazi genauso verdammen, wie es alle anderen auch tun? Natürlich ist es unsere Aufgabe als Kirche unsere Stimme gegen Unrecht zu erheben! Aber was ist mit dem Mensch Neonazi? Ist es wirklich ein Akt der Liebe, wenn wir als Kirche diesen Menschen „verdammen"? Wer gibt ihm eine Chance? Wer versucht ihm zu helfen?

Ist alles, was wir als Kirche tun können, eine Demonstration gegen „Rechte" zu unterstützen?

Würde eine Kirche der Liebe nicht noch einen Schritt weitergehen? Einerseits bestimmt gegen das Gedankengut vorgehen aber gleichzeitig auch liebevoll den Kontakt mit dem Mensch „Neonazi" suchen?

Machen Sie den Test. Wie wird in Ihrer Kirche über Prostituierte gedacht?

Was wäre, wenn jeden Sonntag zwei deutlich zu erkennende Prostituierte sich in der letzten Reihe Ihrer Gemeinde einfinden würden? Glauben Sie, dass Ihnen wirklich mit der gleichen Achtung und dem gleichen Respekt begegnet werden würde wie einem erfolgreichen Geschäftsmann?

Sie können diesen Test bis ins Extreme ausweiten: Was wäre, wenn ein bekannter Sexualstraftäter in Ihre Gemeinde käme?

Oder weiten Sie den Test auf emotional aufgeladene Beispiele aus: Wie geht Ihre Kirche mit Homosexuellen um? *Wirklich* liebend?

Mit wem saß Jesus an einem Tisch und mit wem sitzen wir als Kirche heute an einem Tisch?[80]

Jefferson Bethke ist vor einigen Jahren mit einem Video auf Youtube bekannt geworden („Why I Hate Religion, But Love Jesus"). Er sagt einige starke Sätze. So sagt er, dass in der Kirche zwar Gnade gepredigt, aber nicht gelebt wird.

Und seien wir ehrlich: Er hat doch viel zu häufig recht, oder nicht? Wie häufig wird in unseren Gemeinden Gnade gepredigt, aber nicht *wirklich* gelebt?

Was wäre, wenn tatsächlich ein Sexualstraftäter in Ihre Gemeinde käme? Würde Gnade und Vergebung nicht nur gepredigt, sondern auch gelebt? *Wirklich?*

Noch deutlicher ist ein zweiter Satz aus Bethkes Video: „Kirche ist kein Museum für gute Leute. Es ist ein Krankenhaus für die Gebrochenen".

Nun kenne ich Sie persönlich nicht und weiß nicht, ob und wenn ja in was für eine Kirche Sie gehen.

Ist es vielleicht ein altes Gebäude? Dessen Unterhalt allein schon unheimlich viel Geld verschlingt? Hat es eine schöne Fassade und eine eigene Geschichte? Verstehen Sie mich nicht falsch, ich bin nicht grundsätzlich gegen schöne Kirchengebäude. Und doch stimme ich Bethke zu: Eine Kirche der Liebe ist kein Museum für gute Leute.

Kirche ist kein Museum für gute und gebildete Leute.

Es ist ein Krankenhaus für die Gebrochenen.

Und dann machen Sie den Versuch und gehen Sie in eine der großen Kirchen irgendwo in einer größeren Stadt in Europa.

Hinein kommen Sie meistens, wenn Sie Eintritt zahlen. Sie können sich informieren, wann diese Kirche gebaut wurde, welche Stile erkennbar sind, wer hier wann Kantor war und was das schöne Bild dort hinten an der Wand bedeutet.

Und, erinnert Sie das eher an ein Museum oder ein Krankenhaus?

Und wenn Sie vor so einem als Kirche verkleideten Museum stehen, dann schauen Sie sich um. Sie werden nicht weit blicken müssen. Meistens stehen Sie schon direkt *vor* der Kirche. Die Gebrochenen. Die Armen. Die Ausgestoßenen.

Ist das eine Kirche der Liebe?

Wirklich?

Wo die Gebrochenen *vor* der Kirche stehen?

Und um mit Jefferson Bethke zu fragen: „Wenn Jesus heute in unsere Kirche käme, würden wir ihn überhaupt hineinlassen?"

Oder würde er auch vor einem unserer Museen stehen? Würden wir ihn nicht hineinlassen, weil er kein Geld für den Eintritt hat? Sieht er zu heruntergekommen aus?

Stellen Sie sich ein Krankenhaus vor, in denen die Gesunden drinnen sind und die tollen Medikamente und Geräte bewundern, aber die Kranken stehen draußen vor der Tür und betteln um eine Spende. Wäre das für Sie noch ein *wirkliches* Krankenhaus? Oder ein Museum *über* ein Krankenhaus?

Es trifft nicht auf jede Kirche zu, definitiv nicht, aber nach meinem Gefühl auf zu viele. Wir haben schon lange aufgehört ein Krankenhaus zu sein. Und damit meine ich nicht nur die alten Kirchen, es betrifft genauso moderne und mitreißende Lobpreisgemeinden. Drinnen ist die große Show mit Technik bis zum Abwinken. Der Gottesdienst begeistert und rührt zu Tränen. Doch schauen Sie sich in diesen Gemeinden um und überprüfen Sie wer dort ist. Ich sehe selten das untere Ende unserer Gesellschaft.

Mit wem saß Jesus Christus an einem Tisch und mit wem sitzen wir heute in unseren Gemeinden am Sonntagmorgen zusammen?

Aber vor einigen Wochen war ich in einem Gottesdienst in Berlin. 10:30 Uhr morgens. Es waren vielleicht 15 Personen anwesend und der Gottesdienst nicht sonderlich spannend. Dann kam das Abendmahl. Meine Freundin und ich waren zum ersten Mal in dieser Gemeinde, wir kannten niemanden. Und so standen wir dort vorne im Altarraum mit uns wenigen 15 Personen. In dieser großen Kirche, in der so viele Menschen Platz finden könnten. Wir standen in einem Halbkreis. Neben mir ein altes und gebrechliches Ehepaar. Gegenüber eine junge Mutter mit einem kleinen unruhigen Kind. Weiter links von mir stand jemand, der mit sich selbst sprach und offensichtlich geistig nicht mehr ganz auf der

Höhe war. Daneben stand ein äußerlich sehr verwahrloster Mann, er kann gut obdachlos gewesen sein. Und dann der Pastor mit Berliner Schnauze, ein Küster, der lauter Tattoos und Piercings hatte und eine Organistin, die so schwerhörig war, dass sie nie mitbekam, was der Pastor ihr sagte.

Glauben Sie mir, ich hatte bis zu diesem Zeitpunkt nicht verstanden, was es heißt Kirche zu sein. Aber in diesem Moment, als ich da stand, ein Stück trockenes Brot bekam und die alte gebrechliche Dame neben mir meine Hand fasste, fest drückte, mich ansah und aus tiefstem Herzen und voller Freude sagte: „Christi Leib für dich gegeben", da hatte ich verstanden, was Kirche ist. Und ich sah in die Runde an Menschen, die sich an diesem Morgen versammelt hatten und verstand auf einmal, wie wenig eine Kirche der Liebe brauchte.

Es brauchte einen vermutlich Obdachlosen, einen vielleicht geistig Kranken, eine junge Mutter mit einem unruhigen Kind, einen Typen von Küster, ein altes, gebrechliches Ehepaar, eine halb-Taube und zwei junge Menschen.

Und wir waren Kirche.

Und wir haben das Abendmahl zusammen gefeiert.

Und wir waren kein Museum.

Sondern ein kleines, sehr kleines Liebesnest.

Kein anrüchiges Liebesnest, so wie Sie das Wort vielleicht ansonsten gebrauchen.

Ein Ort der Liebe. Das waren wir.

Nur für eine kurze Zeit. Aber wir waren es.

Ein Ort der Liebe.

Und wir haben keine große Technik gebraucht und nicht viele Menschen.

Glauben Sie mir, ich werde dieses Abendmahl mein Leben lang nicht vergessen. Und die alte Dame, die meine Hand fasste, drückte und mich mit so einer Freude ansah, wird für immer in meiner Erinnerung bleiben.

Denn diese alte gebrechliche Frau war in diesem Moment der Inbegriff einer Kirche der Liebe für mich. Wir als Gemeinschaft waren in diesem Moment eine Kirche der Liebe. Weil niemand die Nase rümpfte, weil der vielleicht-Obdachlose doch ziemlich stank, weil niemand stöhnte, weil das Kind nicht ruhig war, weil niemand sich über den vielleicht Verwirrten aufregte.

Für mich war Kirche in diesem Moment ein kleines Liebesnest.

Warum ein Nest?

Weil Nester gebaut werden und nicht vom Himmel fallen. Weil Nester mühsam Stück für Stück gebaut werden, damit darin etwas entstehen und groß werden kann.

So wie Kirche auch nicht vom Himmel fällt, sondern mühsam Stück für Stück gebaut werden muss. Und warum wird sie gebaut? Damit darin etwas wachsen kann. Die Liebe. Sie muss behütet und beschützt, gehegt und gepflegt werden, aber eines Tages wird sie fliegen lernen, die Liebe in unseren Kirchen. Und dann wird diese Liebe hinaus in die Welt ziehen und irgendwo anders ein neues Nest bauen.

Ein neues Liebesnest.

Ein neuer Ort, an dem Liebe gelebt wird.

Kein Museum für gute und gebildete Menschen.

Ein Krankenhaus.

Ein Liebesnest.

Ein Ort, an dem die Gebrochenen und Schwachen *in* der Kirche und nicht *vor* der Kirche sind.

Ein Ort, an dem Liebe spürbar ist.

An dem Liebe erlebbar ist.

Liebe zu sich, Liebe zu den Mitmenschen und Liebe zu Gott.

Ein Liebesnest.

Ein Nest der Liebe.

Ein Nest, in dem Liebe wachsen kann.

Und eines Tages wird sie groß genug sein, die Flügel ausbreiten und in die weite Welt hinausfliegen.

Sie wird an einem neuen Ort ein neues Liebesnest bauen.

Vielleicht, vielleicht ja in einem Paradiesbaum.

Jesus erklärt seinen Jüngern das Reich Gottes mit dem Ihnen schon bekannten Beispiel: Das Reich Gottes beginnt sehr, sehr klein. Wie der Same eines Baumes. Und es braucht Zeit und Geduld, aber am Ende entsteht daraus etwas sehr Großes.

Was wäre das für eine Welt, wenn unsere Kirchen im Kleinen anfangen würden das Reich Gottes zu bauen?

Kleine Liebesnester.

Was wären das für Kirchen, wenn wir in ihnen im Kleinen anfangen würden die Liebe groß werden zu lassen?

So dass aus den kleinen Nestern eines Tages die Liebe hinaus in die Welt fliegt.

Aus den kleinen Samen, die wir als Christen säen, würden eines Tages vielleicht große Bäume werden.

Bäume aus dem Paradies.

Paradiesbäume.

Und aus den kleinen Liebesnestern, die wir als Kirchen bauen, würde die Liebe hinaus in die Welt fliegen und woanders ein neues Liebesnest bauen.

Eine Welt voller Paradiesbäume und Liebesnester.

Ein kleines Stück vom Himmel auf Erden.

Mitten unter uns.

THEOLOGISCHE LEERE

Stellen Sie sich vor, Sie haben eine Tochter (vielleicht haben Sie ja sogar eine). Und das Zimmer Ihrer Tochter wäre mal wieder nicht aufgeräumt. Also gehen Sie zu ihr hin und sagen ihr „Geh und räum dein Zimmer auf".

Kommt Ihre Tochter dann eine Stunde später zu Ihnen zurück und erzählt Ihnen freudestrahlend: „Ich habe mir gemerkt was du gesagt hast. Ich kann es jetzt auswendig aufsagen: `Geh und räum dein Zimmer auf´"?

Oder kommt Ihre Tochter nach einer Stunde zu Ihnen zurück und erzählt Ihnen glücklich: „Ich kann `Geh und räum dein Zimmer auf´ jetzt auf Griechisch und Hebräisch sagen"?

Oder wird Ihre Tochter Ihnen sagen: „Ich habe über das nachgedacht, was du mir gesagt hast und ich habe mit meinen Freunden darüber gesprochen. Wir haben beschlossen, dass wir uns jetzt einmal die Woche treffen, um zu überlegen, wie es aussehen würde, wenn wir alle unsere Zimmer aufräumen würden"?

Ziemlich sicher würde Ihre Tochter keine dieser Antworten geben. Sie wären auch an keiner dieser Antworten interessiert. Sie wollten eigentlich nur, dass Ihre Tochter das Zimmer aufräumt.

Ich stehe am Ende meines Theologiestudiums und ich erlebe uns Theologen sehr häufig so wie die Tochter aus der eben erzählten Geschichte (die ich zum ersten Mal von Pastor Francis Chan hörte).

Gehen Sie in eine theologische Fakultät Ihrer Wahl, schreiben Sie eine einfache Aufforderung von Jesus an die Tafel und fragen Sie die Studenten und Professoren, was das bedeuten würde.

Ich versichere Ihnen: Keiner wird aufstehen und Ihnen ganz praktisch zeigen, was die Aufforderung bedeutet.

Sie werden griechische und hebräische Erklärungen erhalten, Parallelstellen genannt bekommen und Abwägungen, wie dieser Satz *wirklich* zu verstehen sei.

Vermutlich studieren Sie nicht Theologie, aber wenn doch: Kann es sein, dass wir Theologen über viele wichtige Dinge sprechen, ohne sie jemals zu tun?

Gilt bei uns: *Love talks* aber nicht *love does*?

Und beantworten wir eigentlich Fragen, die die Menschen draußen *vor* unseren Palästen aus Glas und Beton haben?

Oder bauen wir Antwortkonstruktionen, die außerhalb der Paläste niemand versteht?

Die Liebe, die das *Grundprinzip des Christentums* ist, umfasst drei Arten der Liebe. Liebe zu Gott, Liebe zu den Mitmenschen, Liebe zu sich selbst.

Theologie. Was wäre, wenn du diese Liebe als deine Grundlage verstehen würdest?

Liebe zu uns selbst, das bekommen wir noch hin. Auch wenn ich es häufig als Selbstverliebtheit erlebe.

Aber Liebe zu den Mitmenschen? Zu den Menschen draußen vor unseren Palästen? In den Gemeinden? Liebe zu den Gebrochenen und Schwachen? Liebe zu den einfachen und nicht akademisch gebildeten Menschen?

Und Liebe zu Gott? *Wirkliche* Liebe zu Gott? Einsehen, dass wir nicht *über* Gott stehen? Dass wir nicht klüger sind als er? Dass wir nicht alles verstehen können und müssen? Ist die Art und Weise, wie wir die Bibel lesen wirklich vereinbar mit einer Liebe zu Gott?

Wenn Liebe das *Grundprinzip des Christentums* ist, wieso kommt die Liebe dann nicht in unserem Studium vor?

Wieso sitzen wir *in* einem Palast aus Glas und Beton und die Gebrochenen und Schwachen sammeln *vor* unserer Tür Pfandflaschen und schlafen auf der Straße?

Führt unser Studium uns zu den Menschen hin oder von den Menschen weg? Haben wir wirklich Antworten auf die Fragen der Menschen dort draußen, außerhalb unserer Paläste?

Oder haben wir nur unser Unwissen in so komplizierte Fachsprache verpackt, dass niemand mehr mitbekommt, dass wir genauso wenig wissen wie sie selbst?

Eine wahre Geschichte: Zwei Frauen mittleren Alters berichten über ihre Erfahrungen mit der Kirche. Sie sagen, dass sie den Pastor meistens einfach nicht verstehen. Also nicht akustisch, sondern inhaltlich. Beide Frauen sagen, dass das, was der Pastor vorne erzählt, meistens einfach zu „hoch" für sie sei. Sie trauen sich aber auch nicht nachzufragen, weil sie vermuten, dass das nur peinlich für sie wäre. Doch eine der beiden Frauen erinnert sich, dass sie einmal bei einem Gemeindeabend sich doch getraut hatte nachzufragen. Der Pastor sprach schon länger über „Gottes Weg mit den Menschen". Da meldete sie sich und fragte: „Ja, aber was ist denn nun Gottes Weg? Ich verstehe das einfach nicht".

Daraufhin wurde es ganz still im Raum und niemand sagte etwas.

Nach ein paar Sekunden antwortete der Pastor ihr: „Sehen Sie, genau das ist Gottes Weg!"

Kennen Sie das Gefühl, dass viele Theologen und Pastoren vor allem theologische Leere verbreiten?

Ich sitze in einer Domgemeinde in Mecklenburg-Vorpommern. Heute ist Gemeindefest. Neben mir sitzt ein Mann mit seinem 18 Jahre alten Sohn. Beide schauen mich interessiert an, als sie sich neben mich setzen. Schon nach wenigen Minuten suchen sie das Gespräch mit mir. Es ist noch vor dem

Gottesdienst. Sie erzählen, dass sie beide zum ersten Mal hier sind. Wegen der Würstchen, die es beim Gemeindefest geben soll. Und Kuchen soll es auch geben. Aber sie müssten zugeben, dass sie mit Kirche eigentlich nichts am Hut haben.

Der Sohn beginnt das Gesangbuch durchzublättern, der Vater fragt mich, wie das jetzt im Gottesdienst hier ablaufen würde.

Während des gesamten Gottesdienstes läuft das Gespräch weiter, weil beide durchgehend etwas zu fragen haben. Müssen wir jetzt auch aufstehen? Was singen die da? Glaubst du das auch alles hier?

Nach dem Gottesdienst stehen wir noch länger zusammen bei Kuchen und Wurst und ich versuche alle Fragen des Vaters zu beantworten. Am Überraschendsten ist für ihn, dass es eine evangelische und eine katholische Kirche gibt. Er dachte immer, der Papst wäre von allen in der Kirche der Chef. Fast genauso verwundert ist er, dass ich als evangelischer Theologiestudent heiraten und Kinder haben darf. Die Würstchen schmecken ihm hervorragend.

Einige Tage später lese ich selbst in der Bibel. Ich lande bei einer Stelle im Markus-Evangelium, die ich persönlich schwierig finde. Jesus sagt dort, dass er in Gleichnissen spricht, damit nicht alle ihn verstehen und nicht allen die Schuld vergeben wird. Das irritiert mich zunächst und ich suche in meinen theologischen Büchern nach einer Lösung für das Problem.

Ich erfahre: Um diesen Vers zu verstehen, sollte ich die Parabelrede von Jesus gegenüber dem Volk beachten. Auch das Ortsgeheimnis und das Schweigegebot darf ich nicht vergessen. Ich müsste nun exegetisch klären, warum Markus dieses Thema so zentral behandelt, warum er das Verstehen der Gleichnisse unmittelbar mit der Schuldvergebung verknüpft.

Und ich fragte mich: Was hätte ich geantwortet, wenn der Vater, der eigentlich nur wegen der Würste und des Kuchens in den Gottesdienst kam, mich nach einem ähnlichen Vers gefragt hätte? Kann ich es überhaupt verantworten, ihn zum Bibellesen einzuladen, wenn ich ihm die Bibel in seiner Sprache überhaupt nicht erklären kann?

Hätte ihm ein Hinweis auf die Parabelrede von Jesus geholfen? Hätte er irgendetwas mit dem Ortsgeheimnis oder dem Schweigegebot von Jesus anfangen können?

Hätte ich mit ihm die Bibel auf Griechisch lesen sollen?

Ich hatte in meinem Theologiestudium viele komplizierte Antwortkonstruktionen gelernt, um Fragen zu beantworten. Nur: Verstand die irgendjemand außerhalb des Theologen-Palastes überhaupt?

Bevor ich das Studium der Theologie begann, war ich ein ganz normaler Christ. Mit den Fragen, Problemen, Sprachkenntnissen und vermutlich dem ungefähr gleichen Wortschatz wie andere Menschen meiner Gemeinde.

Nun, am Ende meines Studiums, hatte sich alles verändert. Wenn mir jemand eine einfache Frage des Glaubens stellte, muss ich bei meiner Antwort überlegen, wie ich sie theologisch so vereinfachen kann, dass der andere sie auch verstehen würde.

Ich dachte zurück an Bob. Sie erinnern sich? Der „Wenn-wir-nur-alle-ein-wenig-wie-Bob-wären,-wäre-diese-Welt-eine-bessere-Welt Bob"?

Ich dachte an Bobs Worte: *Love does*.

Und ich dachte: Aber Theologiestudium *does nothing*.

Ich dachte an Paradiesbäume und Liebesnester. An ein kleines Stück vom Himmel auf Erden mitten unter uns. Ich dachte an einen Gott, der liebt. Ich dachte an Christen, die Menschen in liebevoller Beziehung zu sich, zu Mitmenschen und zu Gott sind. Ich dachte an Kirchen der Liebe.

Und ich sah eine große theologische Leere.

Wo wird gelehrt, wie man Liebesnester baut? Wo wird gelehrt, wie man Samen für Paradiesbäume sät?

Wenn Liebe das Grundprinzip des Christentums ist und daraus Liebesnester und Paradiesbäume entstehen sollen – wo wird dann gelehrt und gelernt, wie das nun genau geht?

Es sollen doch nicht irgendwelche Nester und irgendwelche Bäume herauskommen. Sondern Liebesnester. Kirchen der Liebe. Paradiesbäume. Ein Verständnis von Christ-Sein, dass Christen als Menschen in liebevoller Beziehung zu sich, den Mitmenschen und Gott beschreibt.

Aber müsste dafür nicht auch die Liebe gelehrt und vor allem *gelernt* werden?

Wenn das Studium der Theologie sich mit Gott und der Bibel beschäftigen soll – warum kommt dann so wenig von der Liebe vor, die diesen Gott ausmacht? Wieso kommt dann so wenig von der Liebe vor, über die Jesus sprach?

Wenn aus dem Studium der Theologie unsere Pastoren und Pastorinnen hervorgehen und diese Kirchen der Liebe leiten sollen – wieso wird ihnen dann nicht beigebracht, wie man Liebesnester baut und Paradiesbäume sät?

Wie würde ein Studium *der Liebe* aussehen? Wie würde ein Studium aussehen, das sich mit der Liebe zu sich, den Mitmenschen und Gott beschäftigt?

Würde es in einem Palast aus Glas und Beton stattfinden?

Oder direkt bei den Menschen?

Den Gebrochenen und Schwachen? Den Einfachen und Normalen?

Ich hatte mich gefragt: Was wäre das für eine Welt, wenn unsere Kirchen im Kleinen anfangen würden, das Reich Gottes zu bauen? In kleinen Liebesnestern?

Was wären das für Kirchen, wenn wir in ihnen im Kleinen anfangen würden die Liebe groß werden zu lassen?

Aus den kleinen Samen, die wir als Christen säen, würden eines Tages vielleicht große Bäume werden.

Paradiesbäume.

Und aus den kleinen Liebesnestern würde die Liebe hinaus in die Welt fliegen und woanders ein neues Liebesnest bauen.

Eine Welt voller Paradiesbäume und Liebesnester.

Was wäre also, wenn Theologie anfangen würde, alle drei Arten der Liebe zu lehren? Liebe zu sich, Liebe zu den Mitmenschen und Liebe zu Gott.

Was wäre, wenn die Theologie lehren würde, wie man Liebesnester baut und Paradiesbäume sät? Was wäre, wenn die Theologie anfangen würde, Liebe als Verb zu verstehen. Und nicht als theoretisches Konstrukt mit komplizierten Antworten.

Love does.

Liebe ist aktiv. Liebe handelt. Liebe tut etwas.

In einer Welt voller Liebesnester und Paradiesbäume wäre die Theologie ein eigenes Liebesnest. Ein Ort, an dem Liebe spürbar und erlebbar ist. Theologische Fakultäten wären keine Paläste aus Glas und Beton, sondern Orte, an denen Liebe gelehrt, gelernt und gelebt wird.

In einer Welt voller Liebesnester und Paradiesbäume würden alle drei Arten der von Jesus beschriebenen Liebe gelehrt, gelernt und gelebt werden.

In einer Welt voller Liebesnester und Paradiesbäume würde niemand in einem Palast aus Glas und Beton Silben zählen, solange direkt vor den eigenen Türen Pfandflaschen gesammelt werden und die Straße als Bett genutzt werden muss.

Denn Jesus gab uns ein neues Gebot: *Liebt einander! Genauso wie ich euch geliebt habe, sollt ihr einander lieb haben. Daran werden alle erkennen, dass ihr meine Jünger seid.*

In einer Welt voller Liebesnester und Paradiesbäume würde man auch die Theologie an der Liebe erkennen.

An der Liebe zu sich, an der Liebe zu den Mitmenschen und an der Liebe zu Gott.

EPILOG

Es ist ein warmer Sommermorgen in Berlin. Die Sonne scheint aus einem hellblauen Himmel auf die hellgrauen Gehwegplatten. Es ist kurz nach 10 Uhr und ich bin auf dem Weg in den Palast der Theologen. Die Luft ist schon warm, die Touristenboote halbvoll, die Trauerweide steht immer noch auf der betonierten Flaniermeile an der Spree. Die Straßenbahn ruckelt und quietscht wie eh und je, die S-Bahn dröhnt weiterhin, Schulklassen lärmen mindestens genauso laut. Pfandflaschen werden noch immer gesammelt und Obdachlose sehe ich auch noch auf meinem Weg. Sogar die Segways sind schon unterwegs.

Es ist ein halbes Jahr vergangen, seitdem ich morgens um 8 Uhr verschlafen zu einem Hiob-Seminar unterwegs war. Eigentlich hätte ich jetzt eine Vorlesung über den Koran. Aber bei dem Wetter – da gehe ich lieber eine Runde weiter spazieren.

So gehe ich an dem Palast der Theologen vorbei. An den hohen Fenstern und den schweren Türen. Neben mir liegt die Spree, schräg hinter mir die Museumsinsel, vor mir der Berliner Dom.

Und ich beginne von Paradiesbäumen und Liebesnestern zu träumen.

Von Kirchen, die keine Museen für gute und gebildete Leute sind, sondern Krankenhäuser für die Gebrochenen und Schwachen. Von Kirchen, die kleine Liebesnester in unserer Welt sind.

Von Menschen, die sich Christen nennen und in liebevoller Beziehung zu sich, ihren Mitmenschen und Gott leben. Die in ihrem Leben kleine Samen säen aus denen im Laufe der Zeit große Paradiesbäume werden. Ein kleines Stück vom Himmel auf Erden mitten unter uns.

Was wäre das für eine Welt?

Was wäre das für ein Christentum?

Und ich träume von einer Theologie, die sich mit Paradiesbäumen und Liebesnestern beschäftigt. Die aufhört Christenleere zu verbreiten. Sondern wieder mit ihrem Herzen bei Gott ist. Und bei den Menschen.

Ich träume von Christen, denen kein falsches Bild von Nachfolge verkündigt wird. Denen klar ist, dass es nicht leicht ist Christ zu sein. Aber dass es an sich einfach ist.

Ich träume von einem Ende der Theologenpaläste. Von Theologiestudenten, die in ihrem Studium nah bei den Menschen sind. Von Gebrochenen und Schwachen, die nicht vor den theologischen Fakultäten stehen, sondern in ihnen aufgenommen werden.

Von Seminaren und Vorlesungen, in denen gelehrt und gelernt wird wie Liebesnester gebaut und Paradiesbäume gesät werden.

Ich träume von einer Kirche der Liebe, die voller Vielfalt ist. Weil Liebe überall zu finden ist. In jeder Kultur, in jeder Schicht, in jedem Musikgeschmack und in jeder Glaubensrichtung.

Ich träume von Kirchen in denen Samstagabends Techno-Partys und Sonntagmorgens traditionelle Gottesdienste gefeiert werden. Kulturkirchen Suppenküchen haben und in Kleiderkammern Lobpreiskonzerte stattfinden werden.

Ich träume von einer Kirche der Vielfalt, die aber weiß, was sie eint. Von einem Christentum in vielen verschiedenen Formen, das aber weiß, was es eint. Von einer Theologie, die vieles lehrt, aber weiß, was ihre Grundlage ist.

Die Liebe.

Ich gebe euch ein neues Gebot: Liebt einander! Genauso wie ich euch geliebt habe, sollt ihr einander lieb haben. Daran werden alle erkennen, dass ihr meine Jünger seid.

Und so stehen wir am Ende der Reise. Am Ende. Aber eigentlich erst am Anfang. Ich habe Ihnen alles erzählt, was mir wichtig war und ist. Sie haben einen kleinen Einblick in das erhalten, was für mich eine wirkliche *Herzensangelegenheit* ist. Und doch ist es bislang nur Theorie. Nur Worte auf Papier oder einem Display. Es ist das Ende meiner gedanklichen Reise. Das Ende der Theorie. Und der Anfang der Umsetzung all meiner Träume, Ideen und Anregungen.

Vielleicht bewegt es ja auch Ihr Herz. Vielleicht haben auch Sie das Gefühl, dass da *wirklich* etwas mit den Kirchen, dem Theologiestudium und dem Christentum nicht stimmt?

Ich träume. Ja ich träume immer noch. Und ich arbeite an jedem neuen Tag daran, den Traum ein kleines Stück mehr zur Wirklichkeit werden zu lassen. In meinem ganz persönlichen Leben als Christ, in der Gestaltung meines Theologiestudiums und hoffentlich auch in meinem späteren Beruf als Pastor einer Kirchengemeinde.

I have a dream. Man wird in meinem Alter ja wohl noch träumen dürfen, oder nicht?

Und Sie? Dürfen Sie in Ihrem Alter auch noch träumen?

Ich hoffe es sehr! Und lade Sie herzlich ein, in meinen Traum miteinzustimmen und ihn mit mir gemeinsam zur Wirklichkeit werden zu lassen. Stück für Stück. Vom Traum zur Wirklichkeit:

Eine Kirche der Vielfalt, die aber weiß, was sie eint. Ein Christentum in vielen verschiedenen Formen, das aber weiß, was es eint. Eine Theologie, die vieles lehrt, aber weiß, was ihre Grundlage ist.

Die Liebe.

Ich gebe euch ein neues Gebot: Liebt einander! Genauso wie ich euch geliebt habe, sollt ihr einander lieb haben. Daran werden alle erkennen, dass ihr meine Jünger seid.

Und vielleicht sehen wir dann schon bald eine Welt voller Liebesnester und Paradiesbäume.

Eine Welt voller Liebesnester und Paradiesbäume.

Ein kleines Stück vom Himmel auf Erden.

Mitten unter uns?

Ja, mitten unter uns!

Meinungen und Diskussionen sind erwünscht auf:
facebook.com/liebesnester

ANHANG

Drei Nachbemerkungen sind mir wichtig. Ich möchte Ihnen (1) mein Bibelverständnis näher bringen. (2) noch einige wichtige Worte zum Alten Testament und seiner Rolle für dieses Buch, für mich als Christen und vor allem für das Neue Testament verlieren. Und (3) einen sehr kurzen Blick auf die hebräische und griechische Grundlage der „Liebe" werfen. Außerdem sind alle in diesem Buch genutzten Bibelstellen vollständig verzeichnet.

DIE BIBEL ALS GRUNDLAGE

Grundlage dieses Buches ist die Bibel. Es ist die Bibel in der Form, wie sie auch in Ihrem Regal stehen könnte: Auf Deutsch, in Übersetzung der BasisBibel, keine weiteren Anmerkungen oder Kommentare.

Grundlage dieses Buches ist die Bibel in der Form, wie sie „ist". Wie sie verkauft wird, wie aus ihr in jedem Gottesdienst gelesen wird und wie ich sie in meinen Händen halten kann.

Verstehen Sie dieses Buch daher als ein persönliches „Ringen mit der Bibel". Nur die Bibel und ich – und hoffentlich immer wieder Gott, der sich in meine Gedanken eingeschlichen und sie gelenkt hat und der immer wieder die Bibel benutzt hat, um aus und mit ihr zu mir zu sprechen.

Die erste wichtige Nachbemerkung ist also: Ich nehme die Bibel, so wie sie ist. Die wissenschaftliche und vermeintlich theologisch korrekte Herangehensweise überlasse ich denen, die es viel besser können als ich: all den Theologen, Religionswissenschaftler und Philosophen, die sich an den Universitäten unseres Landes damit beschäftigen, die Bibel historisch-kritisch zu lesen. Auf eine Art und Weise lese ich die Bibel also „wort-wörtlich", nämlich auf die Weise, dass ich den Text der deutschen Bibel-Übersetzung zunächst so nehme, wie er dort steht.

Die zweite noch wichtigere Nachbemerkung ist aber, dass ich es für unerlässlich halte, die Bibel nicht einfach „wort-wörtlich" zu verstehen, sondern den möglichen *Interpretationsraum* herauszufinden. Ich greife dabei im Folgenden auf ein Bild und die Beschreibungen von dem von mir sehr geschätzten Malte Detje zurück.

Grundsätzlich gehe ich von Texten aus, die einen Sinn haben, die etwas bedeuten und die ich aus sprachlichen Gründen verstehen kann. „Fhado soirhb sadhas iwewh" wäre also nicht ein solcher Text. Ich kann ihn zwar vorlesen, aber nicht verstehen. Er hat für mich keinen Sinn.

Beispiel (nun also mit einem „sinnvollen" Text): Der Satz von Jesus aus Matthäus 10,34 „Ich bin nicht gekommen, Frieden zu bringen, sondern das Schwert" hat erstmal einen eigenen Interpretationsraum, etwa, dass Jesus zu Krieg aufruft, dass er eine Revolution oder einen Aufruhr anzetteln möchte oder ganz allgemein, dass Jesus für bewaffneten Widerstand ist.

In den Interpretationsraum gehört aber auch ein bildliches Verständnis: Jesus wird Streit und Entzweiung hervorrufen. Menschen werden sich zu ihm und gegen ihn stellen, seine Botschaft wird einen „Keil" zwischen manche Menschen treiben.

Aber manche Bedeutungen kann der Satz auch nicht haben, etwa: Jesus ruft zum veganen Essen auf. Es liegt definitiv nicht im *Rahmen* einer möglichen Interpretation des Satzes „Ich bin nicht gekommen, Frieden zu bringen, sondern das Schwert" darauf zu schließen, dass wir uns vegan ernähren sollten.

Sind Sie soweit einverstanden?

Texte haben eigene Interpretationsräume, die aber begrenzt, also *umrahmt* sind. Texte können also häufig vieles aber niemals alles bedeuten.

Übrigens: Sie dürfen sich natürlich vegan ernähren, keine Sorge. Sie sollten nur einen anderen Grund als diesen Vers angeben.

Wenden wir dieses Verständnis von Interpretationsräumen und -rahmen auf Bibeltexte an, so gilt: Biblische Texte können innerhalb eines *Interpretationsraumes* zunächst verschiedene Bedeutungen haben, sind aber auf Grund eines Rahmens in ihrer Interpretation auch schon beschränkt.

Bis zu diesem Punkt würden wohl die wenigsten ein Veto einlegen und widersprechen.

Der aus meiner Sicht wichtige Schritt ist nun, dass wir von *sich überlagernden Interpretationsräumen* sprechen.

Damit meine ich: Text A hat einen Interpretationsraum. Text B hat auch einen und Text C wieder einen eigenen. Nicht immer überlagern sich Interpretationsräume. Es kann aber geschehen. Wenn wir den Satz von oben aufgreifen „Ich bin nicht gekommen, Frieden zu bringen, sondern das Schwert", dann hat der Satz „Das Himmelreich gleicht einem König, der seinem Sohn die Hochzeit ausrichtete" vermutlich keine Überlagerung aufzuweisen. Obwohl beide Verse aus dem Matthäus-Evangelium stammen und beide von Jesus gesprochen wurden. Anders sieht es aber aus, wenn der zweite Satz „Stecke dein Schwert an seinen Ort! Denn wer das Schwert nimmt, der soll durchs Schwert umkommen" heißt (auch von Jesus aus dem Matthäus-Evangelium). Legen wir die Interpretationsräume der beiden Sätze übereinander, so ergibt sich eine Überlagerung – eine *Schnittmenge*.

Einmal sagt Jesus, er ist gekommen, das Schwert zu bringen und ein anderes Mal soll das Schwert weg gesteckt werden.

Die Schnittmenge der Interpretationsräume der beiden Texte kann mir nun aufzeigen, welcher Teil des ursprünglichen Interpretationsraumes (des ersten Textes) nun noch möglich ist und was ich verwerfen muss. Dass Jesus z. B. für den bewaffneten Widerstand war und diesen gut geheißen hat, das muss ich auf Grund des zweiten Satzes wohl aufgeben und kann es nicht mehr als mögliche Interpretation auffassen.

Ein zweites Beispiel: Jesus sagt einmal, dass er Gleichnisse erzählt, damit die Menschen ihn *nicht* verstehen.[81] Doch dann finden wir auch einen Satz von ihm, dass er Gleichnisse benutzt, damit er überhaupt verstanden wird.[82] Hier überlagern sich also eindeutig zwei Interpretationsräume und beide Bibelstellen können nur gemeinsam ausgelegt und verstanden werden, da es sonst zu einer einseitigen Betrachtung bzw. einem nicht vollständigen Verstehen kommen kann.

Warum diese lange Erklärung: Aus meiner Sicht ist es richtig und wichtig, die Bibel so zu lesen, wie sie ist und trotzdem sie nicht einfach „wort-wörtlich", sondern gleichzeitig auch immer als Ganzes zu lesen.

Dies habe ich in und mit diesem Buch versucht zu tun.

Vielleicht kennen Sie aber auch die Frage, was denn eigentlich „biblisch" sei. Eine – wie ich finde – sehr schwierige Frage! Mit häufig noch schwierigeren Antworten.

Biblisch ist, dass Kain Abel totschlägt. Biblisch ist, dass es Gott reut, die Menschheit erschaffen zu haben. Biblisch ist, dass Paulus seinen Mantel in Troas vergisst und dass

Timotheus Magenbeschwerden hat. So ziemlich alles kann biblisch sein, wenn man sich einfach nur einen Vers heraussucht. Wer so, versweise, argumentiert, der argumentiert ziemlich schwach und kurzsichtig. Andere lesen die Bibel ganz bewusst mit verschiedenen Interpretationsräumen. Sie sagen, dass man die Räume nicht überlagern darf, weil die Texte von verschiedenen Autoren zu verschiedenen Zeiten mit verschiedenen Meinungen geschrieben wurden.

Den Tatsachen (verschiedene Autoren, verschiedene Orte, verschiedene Zeiten) an sich würde ich niemals widersprechen; aber: Lesen wir als Christen die Bibel nicht gerade als Gottes Wort in all seiner Vielfalt? Und wollen wir als Christen nicht an so vielen Punkten wissen, was die Bibel zu gewissen Themen sagt? Wir sind eine Schriftreligion! Eine Religion, die davon ausgeht, dass Gott sich (unter anderem) in Form der Bibel uns Menschen „offenbart" (also wir durch sie etwas von ihm mitbekommen).

Daher möchte ich die Bibel als Ganzes lesen und schauen, was hat sie als Ganzes uns zu „sagen"? Welche Interpretationsräume, die sich mir in Bibelstelle A noch ergeben haben, muss ich auf Grund von Bibelstelle B nun eingrenzen – und umgekehrt?

Was ist die *Schnittmenge*?

Denn letztlich ist nur die Schnittmenge das, was eine "biblische" Antwort ist.

Alles andere sind nur Ausschnitte, die ich möglicherweise im gesamten Zusammenhang sogar wieder zurücknehmen müsste.

Ich habe versucht in diesem Buch die *Schnittmenge* mit Blick auf die Liebe darzustellen. Ob es mir gelungen ist, dass dürfen und müssen Sie am Ende selbst entscheiden.

DAS ALTE TESTAMENT

Ich möchte an dieser Stelle nur kurz erneut das Thema „Altes Testament" aufgreifen. Wie passt ein liebender Gott zu dem Gott, von dem wir im Alten Testament lesen?

Ich bleibe dabei, dass wir – wenn wir nach dem *christlichen* Gott fragen – eben vor allem nach dem *Christus* fragen müssen. Und doch möchte ich darauf hinweisen, dass meiner Meinung nach das Alte Testament grundsätzlich auch von einem gnädigen und barmherzigen Gott spricht. So spricht Gott zu Moses z. B., dass er barmherzig, gnädig, geduldig und von großer Gnade und Treue ist.[83] Es ist für das Gottesbild, das wir aus dem Alten Testament und aus der Bibel insgesamt versuchen herauszustellen, unerlässlich, an die Rahmen und Interpretationsräume zu denken, die ich weiter oben bereits erklärt habe.

Natürlich: So mancher Religionskritiker nimmt sich einschlägige Stellen aus dem Alten Testament und erklärt den

Gott der Bibel zu einem rachsüchtigen, willkürlichen und gewalttätigen Gott. Wir können und dürfen die entsprechenden Stellen nicht übergehen. Aber wir müssen zwingend die *Schnittmenge der* verschiedenen Interpretationsräume beachten, die sich nun einmal überlagern.

Ich möchte auch klar stellen, dass wir zum Verstehen des Neuen Testaments das Alte Testament benötigen! Es ist eigentlich unmöglich, das Neue Testament zu lesen, wenn nicht das Alte Testament als Basis verstanden wird. Jesus war Jude, seine Jünger waren Juden, Paulus war Jude – das Judentum ist die Grundlage des Christentums und des gesamten Neuen Testaments. Es wird auch an keiner Stelle im Neuen Testament die „Heilige Schrift", also unser heutiges Altes Testament, bestritten, in Frage gestellt oder für ungültig erklärt. Gleichzeitig können wir als *Christen* das Alte Testament aber auch nur von *Christus* aus lesen. Denn genau so haben es Jesus, Petrus, Paulus und die ersten Christen gemacht.

Vielleicht kennen Sie den Bericht aus der Apostelgeschichte:[84] Philippus ist auf dem Weg von Jerusalem Richtung Gaza als er auf einen Beamten des Königs von Äthiopien trifft. Ein Christ trifft also auf einen Nicht-Christen, der auch keinen jüdischen Hintergrund hat.

Warum auch immer, dieser Beamte liest im Buch des Propheten Jesaja – also im Alten Testament. Philippus hört ihn laut lesen und fragt ihn, ob er überhaupt verstehe, was er da lesen würde. Der Beamte fragt zurück: „Wie soll ich es denn verstehen, wenn mir niemand hilft?" Daraufhin setzt sich Philippus zu ihm und „ausgehend von dem Wort aus Jesaja verkündete er ihm die Gute Nachricht von Jesus".

Und haben Sie schon einmal die Pfingstpredigt von Petrus gelesen?[85] Er zieht eine eindeutige Verbindung von Davids Worten aus dem Alten Testament zu Jesus: „David hat hier von Jesus gesprochen".

Mir ist bewusst, dass diese Erklärungen zu kurz sind, aber ich bitte Sie: Lesen Sie das Neue Testament und lassen Sie sich selbst überzeugen: Jesus und alle neutestamentlichen Autoren haben das Alte Testament aus *christlicher* Perspektive gelesen. Von Jesus Christus aus. Was gibt uns also das Recht und die Begründung es nicht zu tun?

DIE URSPRACHEN

Ich habe versucht in diesem Buch möglichst ohne Fachworte und ohne komplizierte Sprache auszukommen. Vielleicht möchten Sie sich aber gerne ein wenig weiterbilden. Daher nun wirklich nur ganz kurz die grundsätzlichen sprachlichen *Basics*: Das Alte Testament ist ursprünglich hauptsächlich in alt-hebräischer Sprache und das Neue Testament vorrangig in alt-griechischer Sprache geschrieben worden. *Liebe* im Hebräischen ist mit אהב (ahav) wiedergegeben. Dem entspricht im Griechischen αγαπάω (agapao), bzw. das Substantiv αγάπη (agape). Im gesamten Neuen Testament kommt αγαπάω 143-mal und αγάπη 113-mal vor. Das Verbaladjektiv αγαπετος (agapetos) zusätzlich noch einmal 61-fach. Mit Blick auf die Liebe zu Gott und den Mitmenschen spielen andere griechische Worte kaum eine Rolle. φιλεω (phileo) kommt insgesamt nur 21-mal und davon allein 13mal im Evangelium nach Johannes vor. Das häufig in diesem Dreiklang genannte έρως (Eros) kommt überhaupt nicht im Neuen Testament vor. Das Substantiv φιλαδελφια (Philadelphia), also die Bruderliebe, kommt allerdings in Texten von Paulus und Johannes häufiger vor.

Wenn Sie sich also selbst auf die Spur der Liebe in der Bibel machen wollen und gerne einmal in den *Ursprachen* forschen wollen, dann halten Sie im Griechischen Text nach Wortvariationen von αγαπάω und φιλεω Ausschau.

BIBELSTELLEN-REGISTER

1 Joh 13,34-35 und Joh 15,9-17 *34 Ich gebe euch ein neues Gebot: Liebt einander! Genauso wie ich euch geliebt habe, sollt ihr einander lieb haben. 35 Daran werden alle erkennen, dass ihr meine Jünger seid: wenn ihr einander liebt.*

9 "Wie der Vater mich liebt, so liebe ich euch. Haltet an meiner Liebe fest! 10 Das tut ihr, wenn ihr meine Gebote befolgt. Ich befolge ja auch die Gebote meines Vaters und halte so an seiner Liebe fest. 11 Das habe ich zu euch gesagt, damit meine Freude euch ansteckt. Die Freude wird euch ganz und gar erfüllen! 12 Das ist mein Gebot: Ihr sollt einander lieben – so wie ich euch geliebt habe. 13 Niemand liebt mehr als einer, der sein Leben für seine Freunde einsetzt. 14 Ihr seid meine Freunde, wenn ihr meine Gebote befolgt. 15 Ich bezeichne euch nicht mehr als Diener. Ein Diener weiß nicht, was sein Herr tut. Ich nenne euch Freunde. Denn ich habe euch alles gesagt, was ich von meinem Vater gehört habe. 16 Nicht ihr habt mich ausgewählt, sondern ich habe euch ausgewählt. Ich habe euch dazu bestimmt, dass ihr hinausgeht und reiche Frucht bringt. Eure Frucht wird Bestand haben: Alles, worum ihr den Vater in meinem Namen bittet, das wird er euch geben. 17 Das ist mein Gebot für euch: Ihr sollt einander lieben!"

2 1Kor 13 *1 Stellt euch vor: Ich kann die Sprachen der Menschen sprechen und sogar die Sprache der Engel. Wenn ich es ohne Liebe tue, klinge ich wie ein dröhnender Gong oder wie ein scheppernde Becken. 2 Oder stellt euch vor: Ich kann reden wie ein Prophet, kenne alle Geheimnisse und habe jede Erkenntnis. Oder sogar: Ich habe einen Glauben – so fest, dass er Berge versetzen kann. Wenn ich dabei keine Liebe empfinde, bin ich nichts. 3 Stellt euch vor: Ich verteile meinen gesamten Besitz. Oder ich bin sogar bereit, mich bei lebendigem Leib verbrennen zu lassen. Wenn ich es ohne Liebe tue, nützt mir das gar nichts. 4 Die Liebe ist geduldig. Gütig ist sie, die Liebe. Die Liebe eifert sich nicht. Sie prahlt nicht und spielt sich nicht auf. 5 Sie ist nicht taktlos. Sie sucht nicht den eigenen Vorteil. Sie ist nicht reizbar. Sie trägt das Böse nicht nach. 6 Sie freut sich nicht, wenn Unrecht geschieht. Aber sie freut sich, wenn die Wahrheit siegt. 7 Sie erträgt alles. Sie glaubt alles. Sie hofft alles. Sie hält allem stand. 8 Die Liebe hört niemals auf. Prophetische Eingebungen werden au hören. Das Reden in fremden Sprachen wird verstummen. Die Erkenntnis wird ein Ende finden. 9 Denn was wir erkennen, sind nur Bruchstücke, und was wir als Propheten sagen, sind nur Bruchstücke. 10 Wenn aber das Endgültige kommt, vergehen die Bruchstücke. 11 Als ich ein Kind war, redete ich wie ein Kind. Ich urteilte wie ein Kind und dachte wie ein Kind. Als ich ein Mann geworden war, legte ich alles Kindliche ab. 12 Denn jetzt sehen wir nur ein rätselhaftes Spiegelbild. Aber dann sehen wir von Angesicht zu Angesicht. Jetzt erkenne ich nur Bruchstücke. Aber dann werde ich vollständig erkennen, so wie Gott mich schon jetzt vollständig kennt. 13 Was bleibt, sind Glaube, Hoffnung, Liebe – diese drei. Doch am größten von ihnen ist die Liebe.*

3 Mt 22,37-40 und Mk 12,28-33 *37 Jesus antwortete ihm: "'Du sollst den Herrn, deinen Gott, lieben mit deinem ganzen Herzen, mit deiner ganzen Seele und mit deinem ganzen Willen.' 38 Dies ist das größte und wichtigste Gebot. 39 Aber das zweite Gebot ist genauso wichtig: 'Liebe deinen Mitmenschen wie dich selbst.' 40 Diese beiden Gebote fassen alles zusammen, was das Gesetz und die Propheten von den Menschen fordern."*

28 Ein Schriftgelehrter war dazugekommen und hatte die Auseinandersetzung mit angehört. Als er merkte, wie treffend Jesus den Sadduzäern geantwortet hatte, fragte er ihn: "Welches Gebot ist das wichtigste von allen?" 29 Jesus antwortete: "Das wichtigste Gebot ist dieses: 'Höre, Israel! Der Herr ist unser Gott, der Herr allein. 30 Und du sollst den Herrn, deinen Gott, lieben mit deinem ganzen Herzen, mit deiner ganzen Seele, mit deinem ganzen Willen und mit deiner ganzen Kraft.' 31 Das zweite ist: 'Liebe deinen Mitmenschen wie dich selbst.' Kein anderes Gebot ist wichtiger als diese beiden." 32 Da antwortete ihm der Schriftgelehrte: "Ja, Lehrer, du sagst die Wahrheit: 'Einer ist Gott, und es gibt keinen anderen Gott außer ihm. 33 Ihn zu lieben mit ganzem Herzen, mit ganzem Verstand und mit ganzer Kraft und seinen Mitmenschen zu lieben wie sich selbst', das ist viel wichtiger als alle Brandopfer und anderen Opfer.

4 Mt 5,17 *17 "Denkt ja nicht, ich bin gekommen, um die geltenden Lebensregeln außer Kraft zu setzen. Ich bin nicht gekommen, um sie außer Kraft zu setzen, sondern sie zu erfüllen.*

5 Mt 25,31-46 *31 "Der Menschensohn wird wiederkommen in seiner Herrlichkeit mit allen Engeln. Dann wird er sich auf seinen Herrscherthron setzen. 32 Alle Völker werden vor dem Menschensohn versammelt. Und er wird sie in zwei Gruppen aufteilen – wie ein Hirte die jungen Ziegenböcke von der Herde trennt. 33 Die Herde wird er rechts von ihm aufstellen und die jungen Ziegenböcke links. 34 Dann wird der König zu denen rechts von ihm sagen: 'Kommt her! Euch hat mein Vater gesegnet! Nehmt das Reich in Besitz, das Gott seit der Erschaffung der Welt für euch bestimmt hat. 35 Denn ich war hungrig, und ihr habt mir zu essen gegeben. Ich war durstig, und ihr habt mir zu trinken gegeben. Ich war ein Fremder, und ihr habt mich als Gast aufgenommen. 36 Ich war nackt, und ihr habt mir Kleider gegeben. Ich war krank, und ihr habt euch um mich gekümmert. Ich war im Gefängnis, und ihr habt mich besucht.' 37 Dann werden die Menschen fragen, die nach Gottes Willen gelebt haben: 'Herr, wann haben wir dich hungrig gesehen und haben dir zu essen gegeben? Oder durstig und haben dir zu trinken gegeben? 38 Wann warst du ein Fremder und wir haben dich als Gast aufgenommen? Wann warst du nackt und wir haben dir Kleider gegeben? 39 Wann warst du krank oder im Gefängnis und wir haben dich besucht?' 40 Und der König wird ihnen antworten: 'Amen, das sage ich euch: Was ihr für einen meiner Brüder oder eine meiner Schwestern getan habt – und wenn sie noch so unbedeutend sind –, das habt ihr für mich getan.' 41 Dann wird er zu denen links von ihm sagen: 'Geht weg von mir! Gott hat euch verflucht! Ihr gehört in das ewige Feuer, das für den Teufel und seine Engel vorbereitet ist. 42 Denn ich war hungrig, und ihr habt mir nichts zu essen gegeben. Ich war durstig, und ihr habt mir nichts zu trinken gegeben. 43 Ich war ein Fremder, und ihr habt mich nicht als Gast aufgenommen. Ich war nackt, und ihr habt mir keine Kleider gegeben. Ich war krank und im Gefängnis, und ihr habt euch nicht um mich gekümmert.' 44 Dann werden auch sie antworten: 'Herr, wann haben wir dich hungrig oder durstig gesehen? Oder als Fremder oder nackt oder krank oder im Gefängnis? Wann haben wir nicht für dich gesorgt?' 45 Da wird er ihnen antworten: 'Amen, das sage ich euch: Was ihr für andere nicht getan habt – und wenn sie noch so unbedeutend waren –, das habt ich auch für mich nicht getan!' 46 Auf diese Menschen wartet die ewige Strafe. Aber die Menschen, die nach Gottes Willen gelebt haben, empfangen das ewige Leben."*

6 **Gal 5,14 und Röm 13,8-10** *14 Denn das ganze Gesetz ist erfüllt, wenn ein einziges Gebot befolgt wird. Nämlich folgendes: "Liebe deinen Mitmenschen wie dich selbst!"*

8 Bleibt niemandem etwas schuldig – außer der Liebe, denn die seid ihr einander immer schuldig! Denn wer seinen Mitmenschen liebt, hat das Gesetz schon erfüllt. 9 Dort steht: "Du sollst die Ehe nicht brechen! Du sollst nicht töten! Du sollst nicht stehlen! Du sollst nicht begehren!" Diese und all die anderen Gebote sind in dem einen Satz zusammengefasst: "Liebe deinen Mitmenschen wie dich selbst!" 10 Wer liebt, tut seinem Mitmenschen nichts Böses an. Darum wird durch die Liebe das ganze Gesetz erfüllt.

7 **1Joh 3,11** *11 Denn das ist die Botschaft, die ihr von Anfang an gehört habt: Wir sollen einander lieben.*

8 **2Petr 1,5-7** *5 Bemüht euch deshalb nach all euren Kräften, dass zu eurem Glauben das richtige Verhalten kommt. Zum richtigen Verhalten die Erkenntnis, 6 zur Erkenntnis die Selbstbeherrschung, zur Selbstbeherrschung die Standhaftigkeit. Zur Standhaftigkeit die Ausübung des Glaubens, 7 zur Ausübung des Glaubens die geschwisterliche Liebe. Und zur geschwisterlichen Liebe schließlich die Liebe überhaupt.*

9 **2Joh 5-6** *5 Und nun bitte ich dich, Herrin: Lasst uns einander lieben. Ich schreibe dir damit kein neues Gebot. Sondern es ist dasselbe, das wir von Anfang an gehabt haben. 6 Die Liebe besteht darin, dass wir nach Gottes Geboten leben. Es ist also dasselbe Gebot, das ihr von Anfang an gehört habt. Danach sollt ihr nun auch euer Leben ausrichten.*

10 Siehe 2

11 **1Petr 1,22** *22 Indem ihr der Wahrheit gehorsam gefolgt seid, habt ihr euch im Innersten gereinigt. Dadurch seid ihr fähig geworden, eure Brüder und Schwestern aufrichtig zu lieben. Hört also nicht auf, einander aus reinem Herzen zu lieben.*

12 **1Kor 14,1** *1 Bleibt unbeirrt auf dem Weg der Liebe! Strebt nach den Gaben, die der Heilige Geist verleiht – vor allem aber danach, als Prophet zu reden.*

13 **1Kor 16,14** *14 Alles, was ihr tut, soll mit Liebe geschehen!*

14 **Eph 5,1-2** *1 Nehmt euch also Gott zum Vorbild! Ihr seid doch seine Kinder, denen er seine Liebe schenkt. 2 Und führt euer Leben so, dass es ganz von der Liebe bestimmt ist. Genauso hat auch Christus uns geliebt und sein Leben für uns gegeben – als Gabe und als Opfer, das Gott gefällt wie wohlriechender Duft.*

15 **Tit 3,15** *15 Es grüßen dich alle, die bei mir sind. Grüße alle, die durch den Glauben in Liebe mit uns verbunden sind. Die Gnade sei mit euch allen!*

16 **2Thess 3,5** *5 Der Herr aber richte eure Herzen auf die Liebe zu Gott und das geduldige Warten auf Christus.*

17 **Kol 3,12-15** *12 Gott hat euch als seine Heiligen erwählt, denen er seine Liebe schenkt. Darum legt nun die entsprechende "Kleidung" an: herzliches Erbarmen, Güte, Demut, Freundlichkeit und Geduld. 13 Ertragt euch gegenseitig und vergebt einander, wenn einer dem anderen etwas vorwirft. Wie der Herr euch vergeben hat, so sollt auch ihr vergeben! 14 Und über all das legt die Liebe an. Sie ist das Band, das alles andere zusammenhält und vollendet. 15 Und der Friede, den Christus schenkt, lenke eure Herzen. Dazu seid ihr berufen als Glieder des einen Leibes. Und dafür sollt ihr dankbar sein!*

18 1Tim 1,5 *5 Das Ziel der richtigen Lehre ist vielmehr Liebe. Sie erwächst aus reinem Herzen, gutem Gewissen und aufrichtigem Glauben.*

19 Mt 5,43-48 *43 "Ihr wisst, dass gesagt worden ist: 'Liebe deinen Nächsten und hasse deinen Feind!' 44 Ich sage euch aber: Liebt eure Feinde! Betet für die, die euch verfolgen! 45 So werdet ihr zu Kindern eures Vaters im Himmel! Denn er lässt seine Sonne aufgehen über bösen und über guten Menschen. Und er lässt es regnen auf gerechte und auf ungerechte Menschen. 46 Denn wenn ihr nur die liebt, die euch auch lieben: Welchen Lohn erwartet ihr da von Gott? Verhalten sich die Zolleinnehmer nicht genauso? 47 Und wenn ihr nur eure Geschwister grüßt: Was tut ihr da Besonderes? Verhalten sich die Heiden nicht genauso? 48 Seid vollkommen, wie euer Vater im Himmel vollkommen ist!"*

20 Lk 10,25-37 *25 Sieh doch: Da kam ein Schriftgelehrter und wollte Jesus auf die Probe stellen. Er fragte ihn: "Lehrer, was soll ich tun, damit ich das ewige Leben bekomme?" 26 Jesus fragte zurück: "Was steht im Gesetz? Was liest du da?" 27 Der Schriftgelehrte antwortete: "Du sollst den Herrn, deinen Gott, lieben mit deinem ganzen Herzen, mit deiner ganzen Seele, mit deiner ganzen Kraft und mit deinem ganzen Willen. Und: Liebe deinen Mitmenschen wie dich selbst." 28 Jesus sagte zu ihm: "Du hast richtig geantwortet. Halte dich daran und du wirst leben." Das Beispiel des barmherzigen Samariters 29 Aber der Schriftgelehrte wollte seine Frage rechtfertigen. Deshalb sagte er zu Jesus: "Wer ist denn mein Mitmensch?" 30 Jesus erwiderte: "Ein Mann ging von Jerusalem nach Jericho hinab. Unterwegs wurde er von Räubern überfallen. Die nahmen ihm alles weg, auch seine Kleider, und schlugen ihn zusammen. Dann machten sie sich davon und ließen ihn halb tot liegen. 31 Nun kam zufällig ein Priester denselben Weg herab. Er sah den Verwundeten und ging vorbei. 32 Genauso machte es ein Levit, als er zu der Stelle kam: Er sah den Verwundeten und ging vorbei. 33 Aber dann kam ein Reisender aus Samarien dorthin. Als er den Verwundeten sah, hatte er Mitleid mit ihm. 34 Er ging zu ihm hin, behandelte seine Wunden mit Öl und Wein und verband sie. Dann setzte er ihn auf sein eigenes Reittier, brachte ihn in ein Gasthaus und pflegte ihn. 35 Am nächsten Tag holte er zwei Silberstücke hervor, gab sie dem Wirt und sagte: 'Pflege den Verwundeten! Wenn es mehr kostet, werde ich es dir geben, wenn ich wiederkomme.' 36 Was meinst du: Wer von den dreien ist dem Mann, der von den Räubern überfallen wurde, als Mitmensch begegnet?" 37 Der Schriftgelehrte antwortete: "Der Mitleid hatte und sich um ihn gekümmert hat." Da sagte Jesus zu ihm: "Dann geh und mach es ebenso."*

21 1Thess 3,12; 4,9 *12 Der Herr lasse eure Liebe zueinander und zu allen Menschen über jedes Maß hinauswachsen. Sie soll so groß werden wie unsere Liebe zu euch.*

9 Über die Liebe zu den Brüdern und Schwestern brauche ich euch eigentlich nichts zu schreiben. Denn Gott selbst hat euch gelehrt, einander zu lieben.

22 Siehe 8

23 Siehe 19

24 Siehe 3

25 1Joh 4,7-21 *7 Ihr Lieben, wir wollen einander lieben. Denn die Liebe kommt von Gott. Und wer liebt, hat Gott zum Vater und kennt ihn. 8 Wer nicht liebt, kennt Gott nicht. Denn Gott ist Liebe. 9 So ist Gottes Liebe bei uns sichtbar geworden: Gott sandte seinen einzigen Sohn in die Welt, damit wir durch ihn das Leben bekommen. 10 Die Liebe besteht nicht darin, dass wir Gott geliebt haben, sondern dass er uns geliebt hat. Er hat seinen Sohn gesandt, der für unsere Schuld sein Leben gegeben hat. So hat er uns mit Gott versöhnt. 11*

Ihr Lieben, wenn Gott uns so sehr geliebt hat, dann müssen auch wir einander lieben. 12 Niemand hat Gott jemals gesehen. Aber wenn wir einander lieben, ist Gott in uns gegenwärtig. Dann hat seine Liebe in uns ihr Ziel erreicht. 13 Gott hat uns Anteil gegeben an seinem Geist. Daran merken wir, dass wir in seiner Gegenwart leben und er in uns gegenwärtig bleibt. 14 Außerdem haben wir es selbst gesehen und bezeugen es: Der Vater hat den Sohn als Retter in die Welt gesandt. 15 Wenn jemand bekennt: "Jesus ist Gottes Sohn!", ist Gott in ihm gegenwärtig und er lebt in Gottes Gegenwart. 16 Und wir haben die Liebe, die Gott uns schenkt, kennengelernt und im Glauben angenommen. Gott ist Liebe. Und wer in der Liebe lebt, lebt in Gottes Gegenwart und Gott ist in ihm gegenwärtig. 17 Darin ist Gottes Liebe bei uns ans Ziel gelangt: Am Tag des Gerichts werden wir voller Zuversicht sein. Denn wie Christus untrennbar eins ist mit dem Vater, so sind es auch wir – schon hier in dieser Welt. 18 Die Liebe kennt keine Furcht, sondern die vollkommene Liebe vertreibt die Furcht. Denn Furcht rechnet mit Strafe. Bei dem, der sich fürchtet, ist die Liebe noch nicht an ihr Ziel gelangt. 19 Wir können ja nur lieben, weil er uns zuerst geliebt hat. 20 Wer behauptet: "Ich liebe Gott!", aber seinen Bruder und seine Schwester hasst, ist ein Lügner. Schließlich sieht er seine Geschwister vor sich. Wenn er sie dennoch nicht liebt, kann er Gott erst recht nicht lieben. Denn Gott kann er ja nicht sehen. 21 Das ist doch das Gebot, das Gott uns gegeben hat: Wer ihn liebt, muss auch seinen Bruder und seine Schwester lieben.

26 2Thess 2,13.16 *13 Wir können aber gar nicht anders, als Gott immer wieder für euch zu danken, ihr vom Herrn geliebten Brüder und Schwestern. Denn Gott hat euch dazu erwählt, als Erste gerettet zu werden – durch den Heiligen Geist, der euch zu Heiligen macht, und durch den Glauben an die Wahrheit.*

16 Ja, es liebt uns unser Herr Jesus Christus und Gott, unser Vater. In seiner Gnade schenkt er uns immerwährende Ermutigung und sichere Hoffnung.

27 1Joh 3,1 *1 Seht doch, wie groß die Liebe ist, die der Vater uns geschenkt hat: Wir heißen Kinder Gottes und wir sind es tatsächlich. Aber die Welt weiß nicht, wer wir sind. Denn sie hat Gott nicht erkannt.*

28 Siehe 14

29 Röm 5,8 *8 Aber Gott beweist seine Liebe zu uns dadurch, dass Christus für uns gestorben ist – und zwar damals, als wir noch mit Schuld beladen waren.*

30 Siehe 28

31 Siehe 29

32 Offb 1,4-5 *4 Johannes an die sieben Gemeinden in der Provinz Asien: Ich wünsche euch Gnade und Frieden von dem, der ist und der war und der kommt – außerdem von den sieben himmlischen Geistern vor seinem Thron 5 und von Jesus Christus. Er ist der vertrauenswürdige Zeuge, der Erste der Toten, der neu geboren wurde. Und er ist der Herrscher über die Könige der Erde. Er liebt uns und hat uns durch sein Blut von unserer Schuld befreit.*

33 1Joh 3,16 *16 Christus hat sein Leben für uns eingesetzt. Daran haben wir erkannt, wie groß seine Liebe zu uns ist. Genauso müssen auch wir unser Leben für unsere Geschwister einsetzen.*

34 Gal 2,20 20 *Deshalb lebe ich eigentlich nicht mehr selbst – sondern Christus lebt in mir. Mein jetziges Leben in diesem Körper lebe ich im Glauben an den Sohn Gottes. Er hat mir seine Liebe geschenkt und sein Leben für mich hergegeben.*

35 Joh 3,16 16 *Denn so sehr hat Gott diese Welt geliebt: Er hat seinen einzigen Sohn hergegeben, damit keiner verloren geht, der an ihn glaubt. Sondern damit er das ewige Leben erhält.*

36 Kol 1,13 und Mt 17,5 sowie 2Petr 1,17 13 *Er hat uns vor der Macht der Dunkelheit gerettet und uns der Herrschaft seines geliebten Sohnes unterstellt.*

5 Während Petrus redete, sieh doch: Da legte sich eine Wolke aus Licht über sie. Und sieh doch: Eine Stimme erklang aus der Wolke: "Das ist mein Sohn, ihn habe ich lieb. An ihm habe ich Freude. Hört auf ihn!"

17 Gott, der Vater, ließ seine Ehre und Herrlichkeit sichtbar werden – damals, als von der Ehrfurcht gebietenden Herrlichkeit Gottes her eine Stimme erklang, die zu ihm sprach: "Das ist mein Sohn, ihn habe ich lieb. An ihm habe ich Freude."

37 Joh 5,20 20 *Der Vater liebt den Sohn. Er zeigt ihm alles, was er selbst tut. Und er wird ihm noch viel größere Taten zeigen, sodass ihr euch wundern werdet!*

38 Joh 10,17 17 *Deshalb liebt mich der Vater: Denn ich bin bereit, mein Leben herzugeben, um es wieder neu zu erhalten.*

39 Joh 17,23-26 23 *Ich bin in ihnen gegenwärtig und du in mir. Sie sollen untrennbar zusammengehören. Daran soll diese Welt erkennen: Du hast mich gesandt, und du liebst sie, so wie du mich liebst. 24 Vater, du hast sie mir anvertraut. Ich will, dass sie mit mir dort sein können, wo ich dann bin. Sie sollen mich in meiner Herrlichkeit sehen, die du mir geschenkt hast. Denn du hast mich schon geliebt, bevor diese Welt geschaffen wurde. 25 Gerechter Vater, diese Welt hat dich nicht erkannt. Aber ich kenne dich, und diese haben erkannt, dass du mich gesandt hast. 26 Ich habe dich ihnen verkündet und werde es weiter tun. Die Liebe, die du mir geschenkt hast, soll auch sie erfüllen. So werde ich in ihnen gegenwärtig sein."*

40 1Kor 13,4-7 4 *Die Liebe ist geduldig. Gütig ist sie, die Liebe. Die Liebe ereifert sich nicht. Sie prahlt nicht und spielt sich nicht auf. 5 Sie ist nicht taktlos. Sie sucht nicht den eigenen Vorteil. Sie ist nicht reizbar. Sie trägt das Böse nicht nach. 6 Sie freut sich nicht, wenn Unrecht geschieht. Aber sie freut sich, wenn die Wahrheit siegt. 7 Sie erträgt alles. Sie glaubt alles. Sie hofft alles. Sie hält allem stand.*

41 Röm 12,9-21 9 *Eure Liebe soll aufrichtig sein. Verabscheut das Böse und haltet am Guten fest. 10 Liebt einander von Herzen als Brüder und Schwestern. Übertrefft euch gegenseitig an Wertschätzung. 11 Lasst nicht nach in eurem Eifer. Seid mit Begeisterung dabei und dient dem Herrn. 12 Freut euch, dass ihr Hoffnung habt. Bleibt standhaft, wenn ihr leiden müsst. Hört nicht auf zu beten. 13 Helft den Heiligen, wenn sie in Not sind. Macht euch die Gastfreundschaft zur Aufgabe. 14 Segnet auch die Menschen, die euch verfolgen – segnet sie und verflucht sie nicht. 15 Freut euch mit den Fröhlichen. Weint mit den Weinenden. 16 Seid alle miteinander auf Einigkeit aus. Werdet nicht überheblich, sondern lasst euch auf die Unbedeutenden ein. Baut nicht auf eure eigene Klugheit. 17 Vergeltet Böses nicht mit Bösem. Habt den anderen Menschen gegenüber stets nur Gutes im Sinn. 18 Lebt mit allen Menschen in Frieden – soweit das möglich ist und es an euch liegt. 19 Nehmt nicht selbst Rache, meine Lieben. Überlasst das vielmehr dem gerechten Zorn Gottes. In* *der Heiligen Schrift steht ja: "'Die Rache ist meine Sache, ich werde Vergeltung üben' – spricht der Herr." 20 Im Gegenteil: "Wenn dein Feind Hunger hat, gib ihm zu essen. Wenn er Durst hat, gib ihm zu trinken. Wenn du das tust, ist es, als ob du glühende Kohlen auf seinem Kopf anhäufst." 21 Lass dich nicht vom Bösen besiegen, sondern besiege das Böse durch das Gute!*

42 Siehe 17

43 1Joh 3,18 *18 Ihr Kinder, unsere Liebe darf nicht nur aus Worten und Lippenbekenntnissen bestehen. Sie soll sich in Taten zeigen und darin, dass sie der Wahrheit entspricht.*

44 1Kor 8,1 *1 Nun zu einer anderen Frage: Es geht um das Fleisch von Tieren, die als Opfer für Götzen geschlachtet wurden. Wir sind uns sicher einig, dass wir alle die richtige Einsicht haben. Aber die Einsicht allein macht überheblich. Nur die Liebe baut die Gemeinde auf.*

45 Phlm 1,5-7 *5 Ich höre ja von deiner Liebe und Treue gegenüber Jesus, dem Herrn, und allen Heiligen. 6 Ich bete, dass die Gemeinschaft, zu der du so treu hältst, sich noch weiter auswirkt: Du sollst in vollem Umfang erkennen, wie wir bei uns gut und richtig für Christus wirken können. 7 Es hat mir große Freude bereitet und Mut gemacht, wie viel Liebe du zeigst. Denn durch dich, mein Bruder, wurden die Heiligen innerlich gestärkt.*

46 2Thess 1,3 *3 Brüder und Schwestern, wir können gar nicht anders, als Gott immer wieder für euch zu danken. Wir haben allen Grund dazu, denn euer Glaube wird immer stärker. Und die Liebe, die jeder von euch für den anderen empfindet, wächst stetig bei euch allen.*

47 1Petr 2,17 *17 Bringt allen Menschen Achtung entgegen. Liebt eure Brüder und Schwestern. Habt Ehrfurcht vor Gott und begegnet dem Kaiser mit Achtung.*

48 Eph 4,2 *1 Ich bitte euch als jemand, der in Haft ist, weil er zum Herrn gehört: Führt euer Leben so, dass es dem entspricht, wozu Gott euch berufen hat: 2 voller Demut, Freundlichkeit und Geduld. Ertragt euch gegenseitig in Liebe.*

49 Eph 4,15-16 *15 Dagegen sollen wir an der Wahrheit festhalten und uns von der Liebe leiten lassen. So wachsen wir in jeder Hinsicht dem entgegen, der das Haupt ist: Christus. 16 Von ihm her wird der ganze Leib zusammengefügt und zusammengehalten durch alle stützenden Sehnen. Dabei erfüllt jedes einzelne Teil seine Aufgabe – entsprechend der Kraft, die ihm zugeteilt ist. So wächst der ganze Leib heran, bis er durch die Liebe aufgebaut ist.*

50 Phil 1,9 *9 Und das ist es, worum ich bete: Eure Liebe soll weiterwachsen und zunehmend geprägt sein von Erkenntnis und umfassendem Verständnis.*

51 Phil 2,1-5 *1 Das gibt es doch schon bei euch: das mahnende Wort im Auftrag von Christus, die Ermutigung aus Liebe. Dazu die Gemeinschaft durch den Heiligen Geist sowie Mitleid und Barmherzigkeit. 2 Macht also meine Freude vollkommen und seid euch einig – verbunden durch dieselbe Liebe, durch dieselbe Meinung und durch dasselbe Ziel. 3 Nicht Eigennutz oder Eitelkeit soll euer Handeln bestimmen. Sondern nehmt euch zurück und achtet den anderen höher als euch selbst. 4 Seid nicht auf euren eigenen Vorteil aus, sondern auf den der anderen – und zwar jeder und jede von euch! 5 Denkt im Umgang miteinander immer daran, welchen Maßstab Christus Jesus gesetzt hat:*

52 Siehe 51

53 Lk 6,27-35 *27 "Aber euch, die ihr mir zuhört, sage ich: Liebt eure Feinde. Tut denen Gutes, die euch hassen. 28 Segnet die, die euch verfluchen. Betet für die, die euch beschimpfen. 29 Schlägt dich einer auf die Backe, halte ihm auch die andere Backe hin. Und nimmt dir einer den Mantel weg, überlasse ihm auch das Hemd. 30 Gib jedem das, worum er dich bittet. Und wenn dir jemand etwas wegnimmt, das dir gehört, dann fordere es nicht zurück. 31 Genau so, wie ihr behandelt werden wollt, behandelt auch die anderen. 32 Wenn ihr nur die liebt, die euch auch lieben: Welchen besonderen Dank erwartet ihr da von Gott? Sogar die Menschen, die voller Schuld sind, lieben ja die, von denen sie geliebt werden. 33 Wenn ihr nur denen Gutes tut, die euch Gutes tun: Welchen besonderen Dank erwartet ihr da von Gott? Sogar die Menschen, die voller Schuld sind, handeln so. 34 Wenn ihr nur denen etwas leiht, von denen ihr es wieder zurückerwarten könnt: Welchen besonderen Dank erwartet ihr da von Gott? Sogar die Menschen, die voller Schuld sind, leihen sich gegenseitig Dinge, die sie später zurückbekommen. 35 Nein! Liebt eure Feinde. Tut Gutes und verleiht, ohne etwas dafür zu erhoffen. Dann werdet ihr großen Lohn erhalten und Kinder des Höchsten sein. Denn Gott selbst ist gut zu den undankbaren und schlechten Menschen."*

54 Siehe 53

55 Joh 13,15 *15 Denn ich habe euch ein Beispiel gegeben. Ihr sollt für euch gegenseitig das tun, was ich für euch getan habe.*

56 Lk 17,21 *20 Die Pharisäer fragten Jesus: "Wann kommt das Reich Gottes?" Jesus antwortete ihnen: "Das Reich Gottes kommt nicht so, dass man es an äußeren Anzeichen erkennen kann. 21 Man wird auch nicht sagen: 'Schau her, hier ist es!' Oder: 'Dort ist es!' Denn seht doch: Das Reich Gottes ist schon da – mitten unter euch."*

57 Siehe 13

58 Kol 2,2 *2 Es geht mir darum, ihnen im Herzen Mut zu machen. Dann können sie in Liebe verbunden bleiben und in allem zu umfassender Einsicht gelangen. Denn sie sollen das Geheimnis Gottes erkennen: Christus.*

59 Heb 10,24 *24 Und wir wollen uns umeinander kümmern und uns gegenseitig zur Liebe und zu guten Taten anspornen.*

60 Joh 19,28-30 *28 Nachdem das geschehen war, wusste Jesus, dass jetzt alles vollendet war. Damit in Erfüllung ging, was in der Heiligen Schrift stand, sagte er: "Ich bin durstig!" 29 In der Nähe stand ein Gefäß voll Essig. Die Soldaten tauchten einen Schwamm hinein. Dann steckten sie ihn auf einen Ysopstängel und hielten ihn Jesus an den Mund. 30 Nachdem Jesus etwas von dem Essig genommen hatte, sagte er: "Jetzt ist alles vollendet." Er ließ den Kopf sinken und starb.*

61 Joh 3,36 *36 Wer an den Sohn glaubt, erhält das ewige Leben. Wer sich aber vom Sohn abwendet, wird das Leben nicht sehen. Dem Zorn Gottes entgeht er nicht.*

62 Joh 3,13-18 *13 "Nur einer ist in den Himmel hinaufgestiegen. Es ist der, der auch vom Himmel herabgekommen ist: der Menschensohn. 14 Es ist wie bei Mose, der in der Wüste den Pfahl mit der Schlange aufgerichtet hat. So muss auch der Menschensohn erhöht werden, 15 damit jeder, der glaubt, durch ihn das ewige Leben erhält. 16 Denn so sehr hat Gott diese Welt geliebt: Er hat seinen einzigen Sohn hergegeben, damit keiner verloren geht, der an ihn glaubt. Sondern damit er das ewige Leben erhält. 17 Gott hat den Sohn nicht in diese Welt gesandt, damit er sie verurteilt. Vielmehr soll er diese*

Welt retten. 18 Wer an ihn glaubt, wird nicht verurteilt. Wer aber nicht glaubt, ist schon verurteilt. Denn er hat nicht an den göttlichen Auftrag von Gottes einzigem Sohn geglaubt.

63 **Röm 5,1-2** *1 Weil wir also aufgrund des Glaubens als gerecht gelten, haben wir Frieden, der auch bei Gott gilt. Das verdanken wir unserem Herrn Jesus Christus. 2 Durch den Glauben hat er uns den Zugang zur Gnade Gottes ermöglicht. Sie ist der Grund, auf dem wir stehen. Und wir dürfen stolz sein auf die sichere Hoffnung, zur Herrlichkeit Gottes zu gelangen.*

64 **Röm 3,20** *20 Schließlich verhält es sich doch so: Kein Mensch gilt vor Gott als gerecht, weil er das Gesetz befolgt. Vielmehr erkennen wir erst durch das Gesetz, was Sünde ist.*

65 **Röm 3,28** *28 Denn wir sind der Überzeugung, dass der Mensch allein aufgrund des Glaubens als gerecht gilt – unabhängig davon, ob er das Gesetz befolgt.*

66 **1Joh 3,23** *23 Und das ist sein Gebot: Wir sollen an den Namen seines Sohnes Jesus Christus glauben. Und wir sollen einander lieben, so wie Christus es uns geboten hat.*

67 **1Thess 1,3-4** *3 Vor Gott, unserem Vater, müssen wir nämlich ständig an euch denken: Daran, wie ihr euren Glauben in die Tat umsetzt. Wie sehr euer Wirken von der Liebe bestimmt ist. Und wie unerschütterlich ihr an der Hoffnung festhaltet. Das alles ist ja das Werk unseres Herrn Jesus Christus. 4 Ja, ihr von Gott geliebten Brüder und Schwestern, wir wissen, dass ihr erwählt seid!*

68 **Joh 15,20-21** *20 Erinnert euch an das Wort, das ich zu euch gesagt habe: 'Kein Diener ist bedeutender als sein Herr.' Wenn sie mich verfolgt haben, werden sie auch euch verfolgen. Wenn sie mein Wort befolgt haben, werden sie auch euer Wort befolgen. 21 Das alles werden sie euch antun, weil ihr euch zu mir bekennt. Denn sie kennen den nicht, der mich beauftragt hat.*

69 **Mt 10,21-22** *21 Geschwister werden einander dem Henker ausliefern – sogar ein Vater seine Kinder. Kinder werden sich gegen ihre Eltern stellen und sie in den Tod schicken. 22 Alle werden euch hassen, weil ihr euch zu mir bekennt! Wer aber bis zum Ende standhält, wird gerettet werden.*

70 **Mt 7,13** *13 "Geht durch den engen Eingang! Denn das Tor zum Verderben ist weit und der Weg dorthin ist breit – viele wählen diesen Weg. 14 Aber wie eng ist das Tor zum Leben und wie schmal ist der Weg dorthin – nur wenige finden diesen Weg."*

71 **Mk 5,18-20** *18 Als Jesus in das Boot steigen wollte, bat ihn der Mann, den die Dämonen beherrscht hatten: "Ich möchte bei dir bleiben." 19 Aber er erlaubte es ihm nicht, sondern sagte zu ihm: "Geh nach Hause zu deiner Familie. Erzähle ihnen, was Gott für dich getan hat und wie er dir seine Barmherzigkeit gezeigt hat." 20 Da zog der Mann los. Er verkündete in dem Gebiet der Zehn Städte, was Jesus für ihn getan hatte. Und alle staunten.*

72 **Mk 6,33-44** *33 Die Leute sahen, wie sie abfuhren, und viele erkannten, wo sie hinwollten. So strömten sie auf dem Landweg aus allen umliegenden Orten herbei und kamen noch vor ihnen dorthin. 34 Als Jesus ausstieg, sah er die große Volksmenge und bekam Mitleid mit den Menschen. Sie waren wie Schafe, die keinen Hirten haben. Und er redete lange zu ihnen. 35 So vergingen viele Stunden. Da kamen seine Jünger zu ihm und sagten: "Es ist eine einsame Gegend hier und es ist sehr spät. 36 Lass doch die Leute gehen. Dann können sie zu den umliegenden Höfen und in die Dörfer ziehen, und sich etwas zu essen* *kaufen." 37 Aber Jesus antwortete ihnen: "Gebt ihr ihnen etwas zu essen." Da sagten sie zu ihm: "Sollen wir etwa losgehen und für zweihundert Silbermünzen Brot kaufen und es ihnen zu essen geben?" 38 Jesus fragte sie: "Wie viele Brote habt ihr dabei? Geht und seht nach." Als sie es herausgefunden hatten, sagten sie: "Fünf, und zwei Fische." 39 Und er ordnete an: "Alle sollen sich in Gruppen zum Essen im grünen Gras niederlassen." 40 So lagerten sich die Leute in Gruppen zu hundert oder zu fünfzig. 41 Dann nahm Jesus die fünf Brote und die zwei Fische. Er blickte zum Himmel auf und sprach das Dankgebet. Dann brach er die Brote in Stücke und gab sie seinen Jüngern, die sie verteilen sollten. Auch die zwei Fische ließ er an alle austeilen. 42 Alle aßen und wurden satt. 43 Sie sammelten noch zwölf Körbe voll mit den Brot-und Fischresten. 44 Es waren fünftausend Männer, die von den Broten gegessen hatten.*

73 Mk 6,56 *56 Wo Jesus auch hinkam, in Dörfer, Städte oder Bauernhöfe: Sie legten die Kranken auf den Plätzen nieder. Dort flehten sie ihn an: "Lass uns nur die Quasten deines Mantels berühren." Und wer immer ihn berührte, wurde gesund.*

74 Mk 2,3-12 *3 Da brachten Leute einen Gelähmten zu Jesus. Er wurde von vier Männern getragen. 4 Aber wegen der Volksmenge konnten sie nicht bis zu ihm vordringen. Deshalb öffneten sie das Dach genau über der Stelle, wo Jesus war. Sie machten ein Loch hinein und ließen den Gelähmten auf seiner Matte herunter. 5 Jesus sah, wie groß ihr Glaube war, und sagte zu dem Gelähmten: "Mein Kind, deine Schuld ist dir vergeben." 6 Es saßen aber auch einige Schriftgelehrte dabei. Die dachten: 7 "Wie kann der so etwas sagen? Das ist Gotteslästerung. Nur Gott allein kann Schuld vergeben." 8 Doch Jesus wusste sofort, was sie dachten, und sagte zu ihnen: "Warum habt ihr solche Gedanken? 9 Was ist einfacher? Dem Gelähmten zu sagen: 'Deine Schuld ist dir vergeben', oder zu sagen: 'Steh auf, nimm deine Matte und geh umher'? 10 Aber ihr sollt sehen, dass der Menschensohn von Gott die Vollmacht hat, hier auf der Erde den Menschen ihre Schuld zu vergeben." Deshalb sagte er zu dem Gelähmten: 11 "Ich sage dir: Steh auf, nimm deine Matte und geh nach Hause." 12 Und er stand auf, nahm rasch seine Matte und ging weg. Alle sahen es. Sie gerieten außer sich, lobten Gott und sagten: "So etwas haben wir noch nie erlebt."*

75 Lk 8,1-3 *1 Einmal, in der folgenden Zeit, zog Jesus von Stadt zu Stadt und von Dorf zu Dorf. Überall verkündete er die Gute Nachricht vom Reich Gottes. Die Zwölf begleiteten ihn. 2 Es waren auch einige Frauen dabei, die Jesus von bösen Geistern und Krankheiten geheilt hatte: Maria aus Magdala, die er von sieben Dämonen befreit hatte; 3 Johanna, die Frau von Chuzas, einem Verwalter im Dienst des Herodes; Susanna und viele andere. Sie alle unterstützten Jesus und die Jünger mit dem, was sie besaßen.*

76 Mt 10,34-39 *34 "Denkt ja nicht, ich bin gekommen, Frieden auf die Erde zu bringen! Ich bin nicht gekommen, Frieden zu bringen, sondern das Schwert. 35 Ich bringe Streit zwischen einem Sohn und seinem Vater, einer Tochter und ihrer Mutter, einer Schwiegertochter und ihrer Schwiegermutter. 36 Die engsten Verwandten eines Menschen werden dann zu seinen Feinden. 37 Wer Vater oder Mutter mehr liebt als mich, ist es nicht wert, zu mir zu gehören. Und wer Sohn oder Tochter mehr liebt als mich, ist es nicht wert, zu mir zu gehören. 38 Und wer nicht sein Kreuz auf sich nimmt und mir auf meinem Weg folgt, ist es nicht wert, zu mir zu gehören. 39 Wer sein Leben erhalten will, wird es verlieren. Aber wer sein Leben verliert, weil er es für mich einsetzt, wird es erhalten."*

77 Siehe 77

78 Mk 4,31-32 *31 Das Reich Gottes gleicht einem Senfkorn. Wenn es in die Erde gesät wird, ist es das kleinste von allen Körnern, die ausgesät werden. 32 Aber wenn es ausgesät* *ist, geht es auf und wird größer als alle Sträucher. Es bringt so große Zweige hervor, dass die Vögel des Himmels in seinem Schatten ihr Nest bauen können."*

79 Siehe 13

80 Mk 2,15-17 *15 Später war er bei ihm zu Hause zum Essen. Viele Zolleinnehmer und andere mit Schuld beladene Menschen aßen mit Jesus und seinen Jüngern. Es waren inzwischen viele, die Jesus folgten. 16 Und die Schriftgelehrten unter den Pharisäern sahen, dass Jesus mit schuldbeladenen Menschen und Zolleinnehmern aß. Da sagten sie zu seinen Jüngern: "Wie kann er mit Zolleinnehmern und solchen Menschen essen?" 17 Jesus hörte das und gab ihnen zur Antwort: "Nicht die Gesunden brauchen einen Arzt, sondern die Kranken. Ich bin nicht gekommen, um die Gerechten zur Umkehr zu rufen, sondern die Menschen, die voller Schuld sind."*

81 Mk 4,10-12 *10 Als Jesus allein war, fragten die Zwölf und seine anderen Begleiter: "Warum erzählst du Gleichnisse?" 11 Er antwortete ihnen: "Euch ist das Geheimnis vom Reich Gottes enthüllt. Aber die anderen Menschen erfahren das alles nur in Gleichnissen. 12 Denn sie sollen 'mit offenen Augen sehen und nichts erkennen. Und sie sollen mit offenen Ohren hören und nichts verstehen. Sie sollen nicht zu Gott umkehren, damit er ihnen ihre Schuld nicht vergibt.'"*

82 Mk 4,33 *33 In vielen solchen Gleichnissen verkündete Jesus seine Botschaft, damit die Menschen sie verstehen konnten.*

83 Ex 34,6 *(Luther-Übersetzung) 6 Und der HERR ging vor seinem Angesicht vorüber, und er rief aus: HERR, HERR, Gott, barmherzig und gnädig und geduldig und von großer Gnade und Treue*

84 Apg 8, 26-40 *26 Philippus dagegen erhielt vom Engel des Herrn den Auftrag: "Steh auf! Geh nach Süden zu der Straße, die von Jerusalem nach Gaza führt und menschenleer ist." 27 Philippus stand auf und ging dorthin. Und sieh doch: Dort war ein Äthiopier unterwegs. Er war Eunuch und hoher Beamter am Hof der Kandake, der Königin von Äthiopien. Er verwaltete ihre Schatzkammer und war nach Jerusalem gekommen, um Gott anzubeten. 28 Jetzt war er auf der Rückreise. Er saß in seinem Wagen und las im Buch des Propheten Jesaja. 29 Der Heilige Geist sagte zu Philippus: "Geh hin und bleibe in der Nähe des Wagens!" 30 Philippus lief hin und hörte, wie der Mann laut im Buch des Propheten Jesaja las. Philippus fragte: "Verstehst du eigentlich, was du da liest?" 31 Der Eunuch sagte: "Wie soll ich es verstehen, wenn mir niemand hilft?" Und er bat Philippus: "Steig auf und setz dich zu mir!" 32 An der Stelle, die er gerade las, stand: "Er ertrug alles, ohne zu klagen – wie ein Schaf, das zum Schlachten geführt wird, und wie ein Lamm, das beim Scheren keinen Laut von sich gibt. 33 Er wurde zutiefst erniedrigt, doch das Urteil gegen ihn wurde aufgehoben. Wer wird je seine Nachkommen zählen können? Denn sein Leben wurde von der Erde weg zum Himmel emporgehoben." 34 Der Eunuch fragte Philippus: "Bitte sag mir, von wem spricht der Prophet hier – von sich selbst oder von einem anderen?" 35 Philippus nahm die Frage auf. Ausgehend von dem Wort aus Jesaja, verkündete er ihm die Gute Nachricht von Jesus. 36 Als sie auf der Straße weiterfuhren, kamen sie an einer Wasserstelle vorbei. Der Eunuch sagte: "Sieh doch, dort ist eine Wasserstelle. Spricht etwas dagegen, dass ich getauft werde?" 37 [...] 38 Er befahl, den Wagen anzuhalten. Beide, Philippus und der Eunuch, stiegen ins Wasser, und Philippus taufte ihn. 39 Als sie aus dem Wasser heraufstiegen, wurde Philippus vom Geist des Herrn fortgenommen. Der Eunuch sah ihn nicht mehr. Aber er setzte seinen Weg voller Freude fort. 40 Philippus fand sich in Aschdod wieder. Von dort zog er weiter bis nach Cäsarea. Unterwegs verkündete er in allen Städten die Gute Nachricht.*

85 Apg 2, 14-36 *14 Da trat Petrus vor die Menge und mit ihm die anderen elf Apostel. Mit lauter Stimme rief er ihnen zu: "Ihr Männer von Judäa! Bewohner von Jerusalem! Lasst euch erklären, was hier vorgeht, und hört mir gut zu! 15 Diese Leute sind nicht betrunken, wie ihr meint. Es ist ja erst die dritte Stunde des Tages. 16 Nein, was hier geschieht, hat der Prophet Joël vorhergesagt: 17 'Gott spricht: Das wird in den letzten Tagen geschehen: Ich werde meinen Geist über alle Menschen ausgießen. Eure Söhne und eure Töchter werden als Prophetenreden. Eure jungen Männer werden Visionen schauen und eure Alten von Gott gesandte Träume träumen. 18 Über alle, die mir dienen, Männer und Frauen, werde ich in diesen Tagen meinen Geist ausgießen. Und sie werden als Propheten reden. 19 Ich werde Wunder tun droben am Himmel. Und ich werde Zeichen erscheinen lassen unten auf der Erde: Blut und Feuer und dichte Rauchwolken. 20 Die Sonne wird sich verfinstern, und der Mond wird sich in Blut verwandeln. Dies alles geschieht, bevor der große und prächtige Tag des Herrn anbricht. 21 Jeder, der dann den Namen des Herrn anruft, wird gerettet werden!' 22 Ihr Männer von Israel, hört diese Worte: Es geht um Jesus, den Nazoräer. Gott selbst hat euch gezeigt, wer er war. Mitten unter euch hat Gott durch ihn machtvolle Taten, Wunder und Zeichen geschehen lassen. Das wisst ihr ja selbst! 23 Es war Gottes Wille und Plan, dass dieser Mann euch schutzlos ausgeliefert war. Und ihr habt ihn ans Kreuz schlagen und umbringen lassen – von Menschen, die das Gesetz Gottes nicht kennen. 24 Aber Gott hat ihn auferweckt und aus der Gewalt des Todes befreit. Denn der Tod hatte keine Macht über ihn und konnte ihn nicht festhalten. 25 Deshalb legt ihm schon David die Worte in den Mund: 'Der Herr steht mir immer vor Augen. Mit ihm an meiner Seite falle ich nicht. 26 Darum ist mein Herz so fröhlich, und mein Mund jubelt vor Freude. Selbst wenn mein Leib im Grab liegt, gibt es noch Hoffnung. 27 Ja, du gibst mich nicht dem Totenreich preis. Du lässt nicht zu, dass dein treuer Diener verwest. 28 Du zeigst mir Wege zum Leben. Ungetrübte Freude finde ich in deiner Gegenwart.' 29 Ihr Brüder! Ich darf hier ja ganz offen sprechen: Unser Stammvater David ist damals gestorben und wurde begraben. Sein Grab ist noch heute bei uns zu sehen. 30 Er war ein Prophet. Er wusste: Gott hatte ihm feierlich geschworen, einen seiner Nachkommen auf seinen Thron zu setzen. 31 Weil David das vorausgesehen hat, konnte er über die Auferstehung des Christus sagen: 'Er wurde nicht dem Totenreich überlassen und sein Körper verweste nicht.' 32 David hat hier von Jesus gesprochen. Den hat Gott auferweckt. Dafür sind wir alle Zeugen. 33 Er ist emporgehoben worden, sodass er an der rechten Seite Gottes sitzt. Er hat vom Vater die versprochene Gabe erhalten: den Heiligen Geist. Den hat er über uns ausgegossen. Und genau das ist es, was ihr hier seht und hört. 34 Denn nicht David ist in den Himmel hinaufgestiegen. Er sagt ja selbst: 'Gott, der Herr, sprach zu meinem Herrn: Setze dich an meine rechte Seite, 35 während ich deine Feinde zu Boden werfe. Ich mache sie zum Schemel für deine Füße.' 36 Daran soll ganz Israel mit unerschütterlicher Gewissheit erkennen: Diesen Jesus, den ihr gekreuzigt habt, hat Gott zum Herrn und Christus gemacht."*

Joh 13,1 *1 Das Passafest stand unmittelbar bevor. Jesus wusste, dass seine Stunde gekommen war. Jetzt sollte er diese Welt verlassen und zum Vater gehen.* **Er hatte die Menschen, die in dieser Welt zu ihm gehörten, immer geliebt. Bis zum Ende gehörte ihnen seine ganze Liebe.**

„MomentMal – Anspiele für Neugierige"
Andrea Binkowski und Jonas Goebel (Hgg)
ISBN: 978-3-7322-9017-8 / Taschenbuch 7,90€, E-Book 5,99€

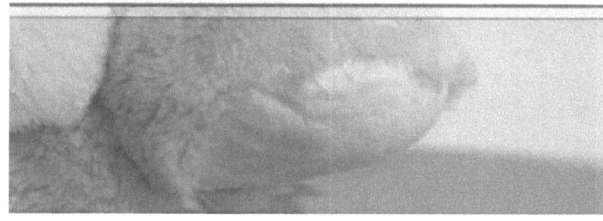

Exklusiv auf Amazon erhältlich.
„Schluss mit traurig! Sieben biblisch fundierte Anstöße für ein erneuertes Abendmahl";
Taschenbuch 6,95€, E-Book 2,99€

WEITERE BUCHEMPFEHLUNGEN

Mit lieblosen Gottesdiensten Gottes Liebe feiern?
Christoph von Lowtzow, Kreuz-Verlag Stuttgart,
ISBN: 978-3783110470

Velvet Elvis: Ein neues Bild des Glaubens malen
Rob Bell, Brunnen Verlag Gießen,
ISBN: 978-3765541711

Warum Gerechtigkeit?: Gottes Großzügigkeit, soziales Handeln und was ich tun kann
Tim Keller, Brunnen Verlag Gießen,
ISBN: 978-3765511790

Ich muss verrückt sein, so zu leben: Kompromisslose Experimente in Sachen Nächstenliebe
Shane Claiborne, Brunnen Verlag Gießen
ISBN: 978-3765539350

Außerdem sehr „klickwert":
www.zeit-zum-aufstehen.de